어디 계시나이까

어디 계시나이까 개정판

엮은이 이재철
사　진 최민식
펴낸이 정애주
펴낸날 1983년 11월 25일 초판 발행
　　　　　1995년 4월 26일 7쇄 발행
　　　　　2011년 12월 9일 개정판 1쇄 인쇄
　　　　　2011년 12월 15일 개정판 1쇄 발행
펴낸곳 주식회사 홍성사
등　록 1977. 8. 1/제 1-499호
주　소 121-897 서울시 마포구 합정동 369-43
　　　　　 T. 02-333-5161 F. 02-333-5165
http://www.hsbooks.com E-mail: hsbooks@hsbooks.com

ⓒ홍성사, 2011

ISBN 978-89-365-0905-7

값 15,000원　　잘못된 책은 바꿔 드립니다.

어디 계시나이까

이재철 엮음
최민식 사진

홍성사.

> 1983년 '믿음의 글들 특집 2'로 펴냈던
《어디 계시나이까》를 새롭게 옷을 입혀 세상에 내놓습니다.
고운기, 구상, 김광림, 김규화, 김남조, 김소월, 김수환,
김정환, 김창범, 김치수, 김현승, 김형영, 김훈, 박두진, 박목월,
박원환, 박화목, 박희진, 서정주, 신달자, 왕수영, 이석현,
이연교, 이은상, 이재철, 이정우, 이해인, 장석, 전재동,
정현종, 최규철, 최민순, 최진연, 홍윤숙, 황금찬 선생님께
진심으로 감사를 드립니다.

책머리에

얼마 전 어느 주부의 충격적인(?) 간증을 들었습니다. 그 주부는 병원에 입원한 적이 있었는데, 바로 옆 병상의 환자가 불교 신자인지라 밤낮없이 스님의 독경 소리가 담긴 녹음테이프를 틀어 두고 있었답니다. 그 사탄의 소리가(그녀의 표현을 빌리자면) 너무나도 듣기 역겨워 그 주부는 "하나님, 제발 저 녹음기가 고장나게 해 주시사 저 염불 소리를 더 이상 듣지 않게 해 주세요" 하고 간절히 기도했답니다. 그랬더니 바로 그날 밤, 거짓말같이 녹음테이프가 끊어져 버려 자신의 기도를 들어주신 하나님께 한없이 감사드렸다는 간증이었습니다.

이번에는 또 다른 주부의 이야기가 있습니다. 지난 9월 KAL기 격추 사건으로 온 국민이 분노에 떨고 있을 때, 모 TV 방송에서 행인들을 상대로 인터뷰하는 장면을 보았습니다. 어떻게 생각하느냐는 기자의 질문에 화면에 비춰진 주부는 "전능하신 하나님께서 소련놈들을 이 지상에서 다 죽여 버리실 것을 믿습니다"라고 대답했습니다.

오죽 답답했으면 녹음기를 고장 나게 해 달라고 기도하고, 오죽 분했으면 소련놈들 다 죽여 달라고 기원을 했겠습니까마는, 과연 그런 기도들이 하나님께 받아들여질지는 생각해 보아야만 합니다.

하나님께서 우리 인간을 창조하셨지만, 우리 인간은 우리를 만드신 하나님을 다시 창조해 버리고 말았습니다. 그리고 그 하나님께 우리의 인격과 감정을 부여해 놓고 우리의 생각대로, 우리의 감정대로 그가 따라 줄 것을 강요하고 있습니다. 우리가 필요한 것이면 무엇이든 얻게 해 달라고 조르며, 우리가 분노를 느끼는 대상을 벌 주십사 기도하기도 합니다.

피조물인 우리가 이렇듯 창조주를 마음대로 형상 짓는 것은 아론의 금송아지와 다를 바가 없습니다. 우리는 유대인들이 광야에서 금송아지를 만들고는 그것을 향해 온갖 기구를 다했던 것을 비웃지만, 오늘 우리 스스로가 하나님의 모습을 금송아지로 둔갑시켜 마음속에 간직한 채 필요할 때마다 요술 방망이처럼 이용하려 드는 것을 깨닫지는 못하고 있습니다.

기도란 나의 참모습과 마주하는 시간이며, 나의 꾸밈없는 모습을 하나님께 드러내는 시간이며, 하나님의 참모습을 발견하는 시간입니다. 기도란 나의 탐욕을 채우기 위해 안달하는 것이 아니라 오히려 그 탐욕을 기꺼이 포기하기를 결단하는 것이며, 분노의 대상을 저주하는 것이 아니라 그것을 순화시키며 사랑으로 감싸려고 다짐하는 것입니다. 이렇게 진정으로 기도의 의미를 깨닫는다면 녹음기를 고장 나게 해 달라는 억지나 누구에 대한 저주의 기도는 결코 할 수가 없을 것입니다. 오직 우리가 할 수 있는 기도란 "당신의 뜻을 이루소서"—이것뿐일 것입니다. 왜냐하면 기도란 하나님을 나의 뜻에 맞도록 끌어내리는 것이 아니라, 내가 그분의 뜻 속으로 동화되어 가는 과정이기 때문입니다.
겟세마네 동산에서 피가 흐르도록 홀로 외로이 절규하던 예수님의 마지막 기도가 "뜻대로 하옵소서"로 끝난 것도 결국은 같은 이야기일 것입니다.

이 책에 실린 75편의 기도시(詩)들, 즉 주님을 찾기 전 끝없이 방황하고 고뇌한 후(제1부 어디 계시나이까), 마침내 주님을 찾아 기뻐하며(제2부 내가 깨었나이다), 결국 주님의 뜻 속으로 동화되어 가는(제3부 뜻을 이루옵소서) 시들이, 오늘 기도의 홍수 속에 살아가는 우리들에게 기도의 참 의미를 깨우쳐 줄 것을 바라는 마음으로 감히 이 책을 엮었습니다.

1983년 11월
엮은이 이재철

차 례

1. 어디 계시나이까

당신이 왕이라면	이해인	0 1 5
이 여자를	왕수영	0 1 8
한밤의 기도	박화목	0 2 2
이별에게	김현승	0 2 5
십자가	이석현	0 2 6
다시 성탄절에	홍윤숙	0 3 0
내일	로페 데 베가 · 정현종 역	0 3 3
비토리아 콜로나에게	미켈란젤로 · 정현종 역	0 3 5
성聖금요일	크리스티나 로제티 · 정현종 역	0 3 6
예수가 우리 마을을 떠나던 날	고운기	0 3 8
스데반의 돌무더기	김창범	0 4 2
생각	월트 휘트먼 · 정현종 역	0 4 5
역병이 창궐하는 때에, 1593	토머스 내시 · 정현종 역	0 4 7
기도	서정주	0 5 1
냉정하신 하느님께	정현종	0 5 2
시들하고 무딤	조지 허버트 · 정현종 역	0 5 4
두메 꽃	최민순	0 5 6
여인에게	황금찬	0 5 8
오 수난일의 왕이시여	더글러스 하이드 · 정현종 역	0 6 3
기도	전재동	0 6 5
거지 소년	에밀리 디킨슨 · 정현종 역	0 6 7
고아들을 위한 기도	작자 미상 · 장석 역	0 6 8
KAL기 희생자를 위한 기도	김수환	0 7 0
가시관과 보혈	김남조	0 7 4
도마에게	김정환	0 7 6

2. 내가 깨었나이다

말씀의 실상實相	구상	0 8 3
성회聖灰 수요일에	신달자	0 8 4
사랑은 죽음처럼 강하다	크리스티나 로제티 · 정현종 역	0 8 6
《모비딕》에서 뽑은 노래	허먼 멜빌 · 정현종 역	0 8 8
영혼의 어두운 밤	십자가의 성 요한 · 정현종 역	0 9 2
사랑	김광림	0 9 6
빛의 노래	마거리트 윌킨슨 · 정현종 역	0 9 8
시간에 대하여	존 밀턴 · 정현종 역	1 0 0
수태고지受胎告知	라이너 마리아 릴케 · 정현종 역	1 0 3
생각한 뒤에	윌리엄 워즈워스 · 정현종 역	1 0 6
티레의 사내	D. H. 로렌스 · 정현종 역	1 1 0
신앙	김소월	1 1 2
성녀 테레사의 서표書標	성녀 테레사 · 정현종 역	1 1 4
성 어거스틴을 본받아	메리 엘리자베스 콜리지 · 정현종 역	1 1 6
오라 친구여, 신부를 맞으러	하인리히 하이네 · 정현종 역	1 1 9
노래	이정우	1 2 3
피조물의 노래	아시시의 성 프란체스코 · 정현종 역	1 2 4
하나님 감사합니다	E. E. 커밍스 · 정현종 역	1 2 7
달빛은 둑 위에서 참 기분 좋게 잠자고 있구나	윌리엄 셰익스피어 · 정현종 역	1 2 9
이 가을에도	최진연	1 3 2
내 주는 정원을 가지셨네	작자 미상 · 정현종 역	1 3 4
꽃들은 크나큰 은총	크리스토퍼 스마트 · 정현종 역	1 3 5
노래	리처드 크래쇼 · 정현종 역	1 3 6
사랑의 종	이은상	1 3 8
일요일 아침의 기도	폴 클로델 · 김치수 역	1 4 2

3. 뜻을 이루옵소서

기원	박두진	151
종교재판에서의 선언	마르틴 루터 · 이재철 역	155
하나님의 자비를 위하여	성 아우구스티누스 · 이재철 역	156
평온한 날의 기도	박목월	160
폐허의 시간 속에서	아빌라의 성 테레사 · 이재철 역	162
낙망치 말게 하소서	쇠렌 키르케고르 · 이연교 역	166
기도	김규화	169
순종을 위하여	블레즈 파스칼 · 이재철 역	172
성서 주일	장 칼뱅 · 이재철 역	175
내 얼굴 전체가	최규철	176
기탄잘리	라빈드라나드 타고르 · 박희진 역	178
결단의 기도	마하트마 간디 · 장석 역	181
한 늙은 농부의 기도	김형영	182
목동의 노래	존 버니언 · 이재철 역	185
엘리 엘리 라마 사박다니	박원환	186
임종하는 아내를 위하여	제임스 러셀 로웰 · 이재철 역	188
아버지의 기도	더글러스 맥아더 · 이재철 역	192
흑인의 기도	작자 미상 · 장석 역	196
당신의 것을 당신에게	작자 미상 · 장석 역	200
겸손을 주소서	작자 미상 · 장석 역	202
환자를 위한 기도	작자 미상 · 장석 역	204
어느 소녀의 기도	작자 미상 · 장석 역	207
자기 전에	작자 미상 · 정현종 역	208
어머님께 바치는 기도	김훈	210
매일의 기도	레프 톨스토이 · 이재철 역	212

1

<u>어디</u>

<u>계시나이까</u>

이에 예수께서 제자들과 함께 겟세마네라 하는 곳에 이르러 제자들에게 이르시되 내가 저기 가서 기도할 동안에 너희는 여기 앉아 있으라 하시고 베드로와 세베대의 두 아들을 데리고 가실새 고민하고 슬퍼하사 이에 말씀하시되 내 마음이 심히 고민하여 죽게 되었으니……

마태복음 26장 36-38절

당신이 왕이라면
— 그리스도왕 축일에

구해야 할 자들이 하도 많아
혼자서 처절히 피 흘려 죽은
당신이 진정 왕이십니까

온통 귀먹고 병든 세상에
산천이 울리도록 큰 대답 주십시오
당신이 왕이라면

살아온 당신을 향해
또다시 밤마다 칼을 가는 자들이
유다와 함께 햇불 들고 달려오는데

당신을 모르노라 고개 흔드는 베드로와
나도 시시로 악수를 나누는데
그래도 당신이 왕이십니까

빛보다 어둠 짙은 세상에 안겨
바보처럼 숨어서 울지도 못하는
약자의 설움을 가엾이 여겨 주십시오

이해인
시인. 수녀.

내가 어디쯤 와 있는지
당신의 집은 보이지 않습니다

날마다 조금씩 내가 죽지를 못해
내 안에 그대로 죽어 계신 분이여

어떻게 당신을 살려 내야 합니까
제발 큰 소리로 대답해 주십시오
당신이 왕이라면

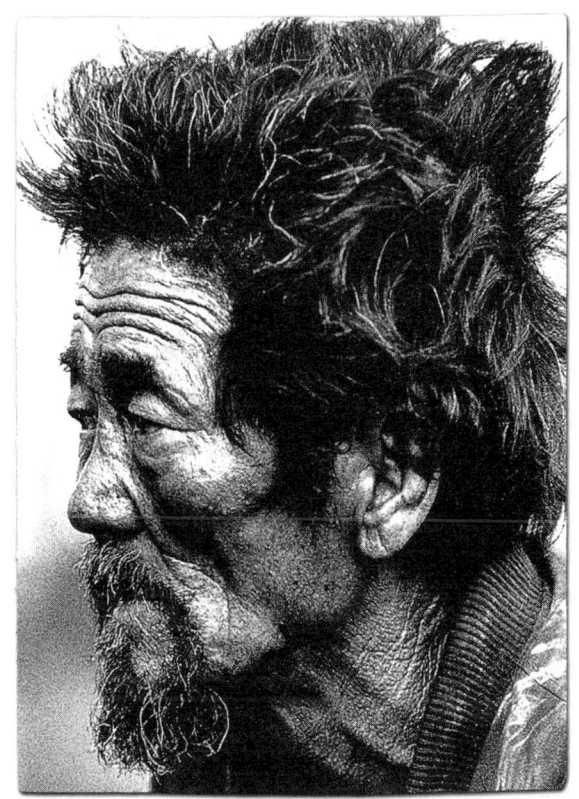

1965 BUSAN

이 여자를

고독의 심연에서
혼자 우는 여자를
누구도 모릅니까
죄짓는 마음에
은총을 바라는

자기 죄 알고
용서 비는 윤택한
여자의 무지를 모릅니까

외로운 죄
사랑하는 죄
거짓 증언한 죄
생명을 소홀히 한 죄

왕수영
시인.

상처뿐인 여자를
누군가 어루만지는
손길이 있습니까

끝없이
샘솟는 눈물을 지닌
여자의 가녀린
허리

구원하는 손길이
있습니까

1962 BUSAN

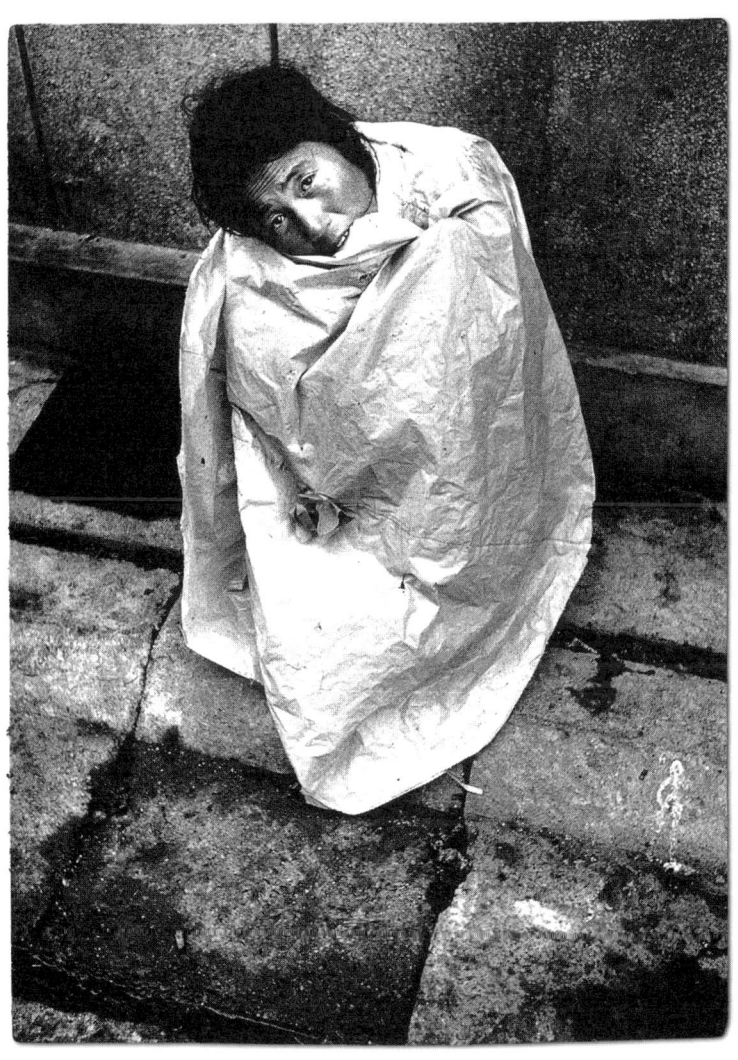

한밤의 기도

하나님
더 이상 우리의 기도를
들으시지 않으시렵니까?

우리의 기도가
탁한 욕정의 기관을 통해 나오고
소외된 유형지에서 무기수가
발악하듯 하기 때문일까요?

나의 귀가 아니고
눈이 나의 눈이 아니고
손발이 강철 태엽에 돌아가듯
그러하기 때문일까요?

이름보다 등록 번호가 소중하고
심장보다는 달콤한 속임 말이 잘 통하는 세상이니
어떻게 하란 말입니까? 정녕 무엇을 말입니다……

박화목
(1924~2005)
시인.

오늘의 이 아픔을 이겨 내지 못해
소아마비의 소녀처럼
하현달이 솟아오를 때, 창가에서
된서리에 사그러지는 풀벌레 더불어

몸부림치듯, 이 한밤의
기도를
하나님
한 번만 더 들어 주십시오.

당신께서 당신의 형상대로 지으신
이 미운 인간들을 한 번만 더
긍휼히 여기시옵소서.

1965 BUSAN

이별에게

지우심으로
지우심으로
그 얼굴 아로새겨 놓으실 줄이야……

흩으심으로
꽃잎처럼 우릴 흩으심으로
열매 맺게 하실 줄이야……

비우심으로
비우심으로
비인 도가니 나의 마음을 울리실 줄이야……

사라져
오오,
영원을 세우실 줄이야……

어둠 속에
어둠 속에
보석들의 광채를 길이 담아 두시는
밤과 같은 당신은, 오오, 누구이오니까!

김현승
(1913~1975)
시인.

십자가

1

당신은
언제까지 십자로에 팔을 벌린 채
화석인 양 서 계시렵니까.

머리의 가시관은
무수한 빛살로 감싸여도
발에는 연신
흙탕이 끼얹어집니다.

오른손 가에는
에덴의 봄이 피어나는데
왼손은 칠흑에 저려
하르르 떨고 계십니까.

언제까지입니까,
하늘에 곤두선
당신의 물구나무는…….

'미세레레,
미세레레 노비스˙'

이석현
시인.

2

당신이 슬프기에
내게 웃음이 옵니다.

당신은 아프고
나는 멀쩡합니다.

당신이 굶어서
내가 배부릅니다.

당신은 울고
나는 춤을 춥니다.

마침내
당신은 죽고
내가 살아나고……

어째서,
어째서입니까.

당신이 되살고
이제쯤
내 죽을 시각이
다가옵니다.

• Miserere nobis: 우리를 불쌍히 여기소서

1968 BUSAN

다시 성탄절에

내가 어렸을 때
십이월, 성탄절은 눈이 내리고
눈길 걸어 산타 할아버지 오시는 밤,
머리맡에 양말 걸어 놓고
나비잠 들면
별은 창마다 보석을 깔고
할아버지 굴뚝 타고 몰래 오셨지

지금은 산타 할아버지 돌아가시고
그 아들 일세―世 산타 아들이
백화점 대문마다
승용차 타고 오시지만
금테 안경 번쩍이며
에스컬레이터로 오시지만
꽃무늬 포장지에 사랑의 등급 매겨
이름 높은 순서대로 배급도 하시지만

홍윤숙
시인.

이런 밤

홀로 이천 년 전 그날 대로 오시는

예수

어느 큰길 차도에 발 묶여 계신가

길 잃고 굶주려 울고 계신가

"예루살렘아! 예루살렘아!

너 어찌 나를 저버리는가

이 세상 끝에서도 잊지 못하는

내 사랑 이리 아프게 하는가"

몰래몰래 숨어서

울고 계신가

1974 BUSAN

내일

주여, 걱정을 놓지 못하는 나는 무엇입니까.
   당신은 나를 찾으시고, 내 문 앞에서
   몸에 나쁜 이슬에 젖어, 기다리시며
   음산한 겨울밤을 거기서 새시는데?
오, 이상한 착오! 당신의 복된 접근을
   내가 맞이하지 않다니, 오 하늘에 얼마나 큰 손실이리까
   내 감사를 모르고 매몰찬 서리가
   당신 발등의 피 흐르는 상처를 얼게 했다면.
얼마나 자주 내 수호천사는 부르짖었던가요
   "그대의 창에서 바라보라, 그럼 볼 것이다
   그분이 얼마나 끈질기게 문을 두드리고 그대를 기다리시는지!"
그리고 오! 얼마나 자주 그 슬픔의 목소리에 나는 대답했던가요
   "내일 우리는 열겠습니다"라고
그리고 그 내일이 오면 나는 또 말했습니다
   "내일"이라고.

로페 데 베가
Lope de Vega
(1562~1635)
스페인의 작가.

정현종 역

1972 BUSAN

비토리아 콜로나에게

내 많은 한숨의 근원
　하늘이 죽음을 통해 여기서 그대를 데려갔을 때
　그렇게 아름다운 얼굴을 만든 적이 없는 자연은
　부끄러워했고, 모든 눈들에 눈물이 가득했다.
내 뜨거운 울부짖음에 귀 기울이지 않는 운명이여!
　그릇된 희망들이여! 오 그대 기품 있는 정신이여
　그대는 지금 어디 있는가? 땅은 그 품속에 안고 있다
　그대의 사랑스런 몸을, 그대의 신성한 생각인 하늘을.
잔인한 죽음은 헛되이 머물려고 했어라
　그대 유덕한 명망의 소문은
　레테의 물도 씻어 버릴 수 없는데!
그가 그대를 죽인 뒤 수많은 나뭇잎들은
　그대를 이야기하고, 하늘도 그대에게 데려갈 수 없어라
　피난처이며 왕관인 죽음에 의하지 않고는.

영역: 롱펠로

미켈란젤로
Buonarroti
Michelangelo
(1475~1564)
이탈리아의 화가,
조각가, 시인.

정현종 역

성⊕금요일

나는 한 마리 양이 아니라 돌입니다
　오 그리스도여, 당신의 십자가 밑에 놓여
　흐르는 당신의 피 한 방울 한 방울 세면서
아직 울지 못하지 않아요?

크나큰 슬픔에 잠겨 당신을 애도하는
　그 사랑받는 여자들처럼;
　쓰러져 슬피 우는 베드로처럼;
감동된 그 거지처럼;

별 없는 하늘 속에 얼굴을 감춘
　해와 달처럼,
대낮 캄캄한 어둠의 공포—
　나, 오직 나만이.

허나 아직 저버리지 마시옵소서,
　당신의 양을 찾으소서, 양 떼의 참 목자시여;
모세보다 크신 이여, 고개를 돌려 한 번 더 보소서
　그리고 돌덩어리를 때리소서.

크리스티나 로제티
Christina G. Rossetti
(1830~1894)
영국의 시인.

정현종 역

1960 BUSAN

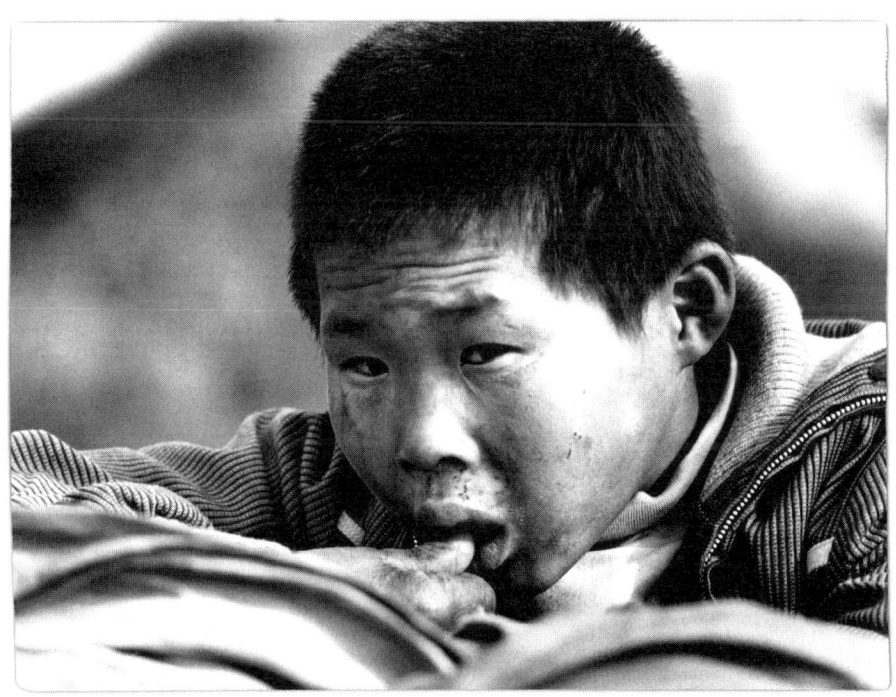

예수가 우리 마을을 떠나던 날
―도성 밖 대장장이의 노래

진달래꽃 피면 돌아오겠네
벚꽃 만발하면 만나 보겠네
그리운 이름들 어디 가도
불러서 모이면 쑥 캐러 가자
봄비라도 내리면 알맞게 맞고서
사랑하던 사람 등에 업고도 가리

허기사 봄도 오면 무엇하리
그대 떠날 때 우리에게 남겨 준 것이
서울로 가던 밤 피 흘리며
기도해 준 일
가슴마다 허전함으로 슬픔 그득하여
개나리꽃 터쳤어도 눈물만 뿌릴 뿐

그대의 아비도 나만큼이나 천한 사람
일생을 목수질하며 살아왔을 땐
아들이 장차 자라 로마의 군인이나 제사장이나
세리가 되어 돈을 벌고
좋은 집에 살며 세상일은 잊으라고
그렇게 바란 것은 아니었을 테지

고운기
시인.

허기사 봄도 오면 무엇하리
나귀 새끼 한 마리에 몸을 싣고
그대는 가서 서울 사람들에게 미움을 받고
그리운 고향 봄이 피어 오른 산천 뒤로 두고
진달래꽃 같은 붉은 피 흘린다니

나는 아직 도성 밖 대장간에 앉아
불에 담근 쇠를 꺼내 망치질하면서도
이 못이 장차 그대의 손을 뚫고
발을 뚫고
이 만드는 창으로 그대의 가슴을 찌르게 될지
알 수 없다네
알 수 없다네

1967 BUSAN

스데반의 돌무더기

돌이 날아온다
스데반의 수염 위에
얼굴과 뼈와 희디흰 살점 위에
서슬 퍼렇게 돌이 날아온다

이천 년 전에 날아온 돌은
이천 년 후에도 날아와 돌무더기를 만든다
십자가 없이도 여기저기 돌무더기를 쌓는다

돌 밑에는
따뜻한 눈물이 깔리고
눈물 위에는 유대의 먼지가 쌓인다
시간도 역사도 돌 밑으로 퇴적하고
스데반도 스데반의 아들도 아들의 아들도
발버둥 치는 모기 소리도 숨을 거둔다

바라보면 돌무더기의 광야
풀 한 포기 못 자라는 적막강산

김창범

시인.

그러나 자유를 기다리는 자는
돌 밑에 누워야 한다
머리에서 발끝까지 누워야 한다
이천 년 후에도 차가운 돌 아래
눕기를 기다려야 한다

돌이 날아온다
용서받는 자들이 날리는
서슬 퍼런 돌 밑에
눈물보다 더 가느다란
기도 소리가 들린다
또 하나 스데반의 돌무더기 밑에서

1975 BUSAN

생각

큰 잔치에서 내가 다른 사람들과 함께 앉아 있는데,
 문득, 음악이 울리고 있는 중에,
내 마음에, (그게 어디서 오는지 나는 모른다) 희미하게,
 바다에서 난파하는 환영幻影이 보인다;
어떤 배들— 그들은 나부끼는 테이프와 손 키스를
 보내며 항구를 떠나지 않았던가— 그리고 그게
 마지막이 된 배들의,
'대통령'의 운명에 관한 숙연하고 음산한 신비의;
북동 해안으로 나가 침몰한, 반세기 해양과학의 꽃—
 '아악틱' 기선이 가라앉는 환영,
그 희미한 아찔한 광경—갑판에 모여서, 창백하게, 당당하게
 아주 가까이 온 그 순간을 기다리고 있는 여자들—
 오 그 순간!
거대한 흐느낌— 얼마간의 거품— 솟아오르는 흰 거품—
 그런 뒤 여자들은 가라앉아 버리고,
거기 가라앉는 게 보인다, 냉담한 습기가 흐르는 동안— 그리고
 나는 지금 생각한다, 그 여자들은 정말 죽었을까?
영혼들이 그렇게 빠져서 멸망하는가?
물질만이 승리하는가?

월트 휘트먼
Walt Whitman
(1819~1892)
미국의 시인.

정현종 역

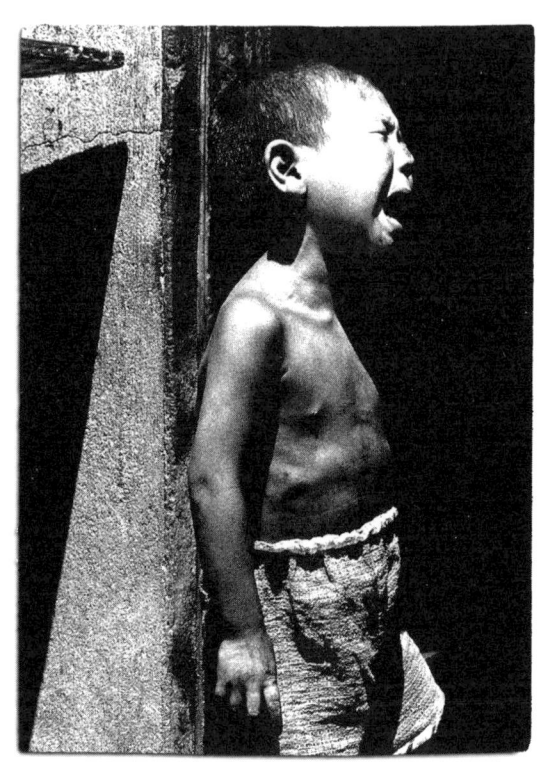

1975 BUSAN

역병이 창궐하는 때에, 1593

안녕, 땅의 축복이여 안녕!
이 세상은 확실치 않은 것:
삶의 욕망에 찬 기쁨들은 좋지만
죽음은 그것들을 하찮은 것에 불과하게 하느니.
아무도 그의 투창投槍을 피할 수 없네;
나는 병들고, 죽어야 하네—
      주여 우리를 불쌍히 여기소서!

부자는 부富를 믿지 않고
금은 건강을 사 주지 못하네:
육체는 이울어야 하고;
모든 게 끝나게 되어 있네;
역병이 창궐하니
나는 병들고, 죽어야 하네—
      주여 우리를 불쌍히 여기소서!

토머스 내시
Thomas Nashe
(1567~1601)
영국의 극작가.

정현종 역

미美는 장차 시들어 떨어지는
한 송이 꽃일 뿐;
밝음이 공기에서 떨어지네;
왕비들은 젊고 이쁠 때 죽었고,
먼지가 헬렌의 눈을 감기었느니
나는 병들고, 죽어야 하네—
   주여 우리를 불쌍히 여기소서!

힘은 무덤에 굴복하고
벌레들은 용감한 헥토르를 파먹네
칼은 운명과 싸우지 않을 터
땅은 여전히 문을 열어 놓고 있네
오라, 오라! 종은 울리는데
나는 병들고, 죽어야 하네
   주여 우리를 불쌍히 여기소서!

재사才士는 그 방자함으로
죽음의 쓴맛을 보네
지옥의 사형집행인은
어떤 말도 듣지 않으니
무슨 헛된 예술이 대답할 수 있으랴
나는 병들고, 죽어야 하네
   주여 우리를 불쌍히 여기소서!

그러니 서둘러 불가불
운명을 맞아야 하리
하늘은 우리의 유산
지구는 다만 기도하는 장소,
우리는 하늘로 올라가느니
나는 병들고, 죽어야 하네
   주여 우리를 불쌍히 여기소서!

1972 BUSAN

기도

저는 시방 꼭 텅 빈 항아리 같기도 하고,
또 텅 빈 들녘 같기도 하옵니다.
하늘이여
한동안 더 모진 광풍을 제 안에 두시든지,
날으는 몇 마리의 나비를 두시든지,
반쯤 물이 담긴 도가니와 같이 하시든지,
마음대로 하소서.
시방 제 속은 꼭
많은 꽃과 향기들이 담겼다가
비어진 항아리와 같습니다.

서정주
(1915~2000)
시인.

냉정하신 하느님께

지난해는
참 많이도 줄어들고
많이도 잠들었습니다 하느님
심장은 줄어들고
머리는 잠들고
더 낮을 수 없는 난쟁이 되어
소리 없이 말없이
행복도 줄었습니다.

그러나 저 납작한 벌판의 찬 흙 속에
한마디 말을 묻게 해 주세요
뜬구름도 흐르게 하는 푸른 하늘다운
희망 한 가락은
얼어붙지 않게 해 주세요
겨울은 추울수록 화려하고
길은 멀어서 갈 만하니까요
당신도 아시지요만, 하느님.

정현종
시인.

1959 BUSAN

시들하고 무딤

나는 왜 이다지 맥없고, 시들고 무딥니까,
  마치 내가 전 지구인 듯이?
오 나에게 민첩함을 주소서, 환희에 차
  당신을 넘치게 찬양하도록!

호기심에 찬 긴장 속에서 사랑에 열뜬 사람은
  그의 제일 아름다운 애인을 찬양할 수 있습니다;
그리고 기묘한 은유들로 그녀의 굽이치는 머리는
  다시 한 번 굽이칩니다:

당신은 나의 사랑, 나의 생명, 나의 빛
  나에게는 하나뿐인 아름다움:
당신의 피로 물든 죽음과 당찮음은 당신을
  순적純赤과 순백純白으로 만듭니다.

모든 완전함이 오직 한 번 나타나는 걸
  당신의 모습은 보여 주십니다.
당신이 밟고 가시는 바로 그 먼지가
  여기에 아름다움을 만듭니다.

조지 허버트
George Herbert
(1593~1633)
영국의 시인, 목사.

정현종 역

그럼 나의 길은 어디 있습니까? 접근할 길은? 전망은?
   내가 창 앞에서 부를 노래는 어디 있습니까?
애인들은 여전히 짐짓 꾸미고 있으며, 그릇되기까지 합니다.
   그들의 뮤즈를 격앙하게 하면서.

그러나 나는 육체 속에서 길 잃고, 그 들끓는 거짓은
   여전히 나를 조롱하고, 그리고 더 대담해집니다.
참으로 당신은 거기 마음을 두셨습니다, 내가 만일
   그게 어디 있는지를 안다면.

주여, 당신이 주신 눈을 맑게 하소서, 변치 않는 이지理知로
   나는 다만 당신을 바라보리다.
다만 '바라볼' 뿐; 왜냐하면 당신을 '사랑'하는데
   누가 천사에 어울릴 수 있겠습니까?

두메 꽃

외딸고 높은 산골짜구니에
살고 싶어라
한 송이 꽃으로 살고 싶어라

벌 나비 그림자 비치지 않는
첩첩산중에
값 없는 꽃으로 살고 싶어라

햇님만 내 님을 보신다면야
평생 이대로
숨어서 숨어서 피고 싶어라

최민순
신부.

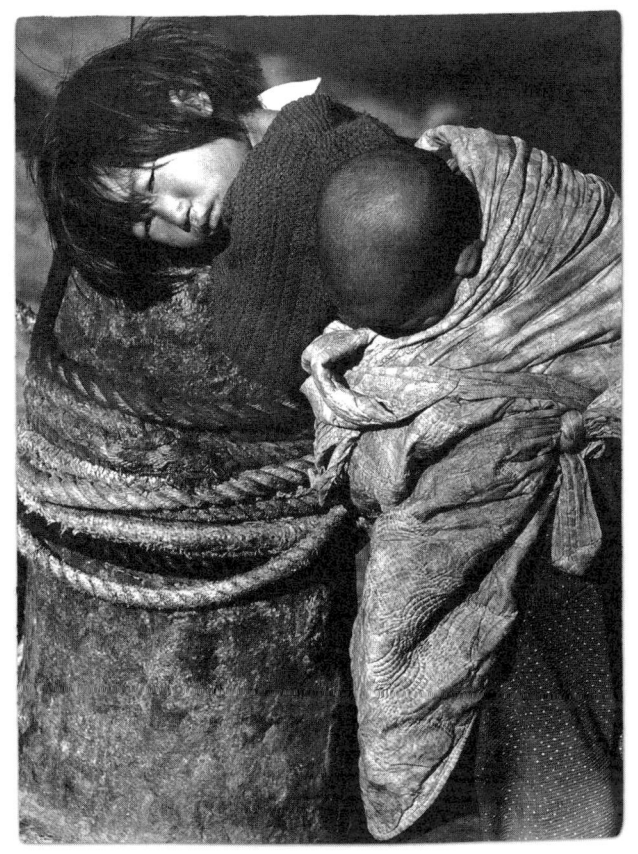

1967 BUSAN

여인에게

달이 밝습니다.
마리아!
그런데
당신의 앞 머리카락이
이슬에 젖고 있습니다.

당신이 서 있는 풀밭에서
풀벌레가 울고 있습니다.
낮은 소리죠.

하지만 그것은 울음이 아닙니다.
간절한 마음으로 바라는
기도이기도 합니다.

황금찬
시인.

당신을 처음 보던 날 내 눈은
내게 또 하나의 새로운 삶을
주었습니다.

나는 지금 당신의 발 앞에 앉아서
눈 위에 선 비둘기의 빨간 발을
만지며
당신 어느 부분에서
나를 찾고 있습니다.

마리아!
내 귀를 열어 주십시오.
나를 깊은 잠에서 깨울 수 있는 것은
아침 이슬이 방울로 떨어지듯 하는
당신의 음성입니다.

언제쯤에야 내가 당신의 섭리 안에서
그리고 당신이 내 이상 안에서
풀벌레들의 울음을
귓가에서 지워 버릴 수
있겠는지.

명명하서요,
꼭 한 번만.
지금도 울고 있는 한 마리의 풀벌레.
당신이 마지막 한마디를
명명하서요.

1965 BUSAN

1963 BUSAN

오 수난일의 왕이시여

사지가 십자가 위에 달리신
　오 수난일의 왕이시여
멍과 상처와 죽음의
　고통을 겪으신 주여.

당신의 권능의 방패 아래
　우리들 사지를 폅니다.
이 밤 당신의 고통의 나무에서 우리에게
　열매 좀 떨어지게 하소서.

더글러스 하이드
Douglas Hyde
(1860~1949)
아일랜드의 작가.

정현종 역

1967 BUSAN

기도

이 돌들로 떡이 되게 하소서.
이 뱀들로 생선이 되게 하소서.
광야에서 주린 꿈들을
먹고 마시게 하소서.
바람과 모래만이 눈을 태우는
삭막한 연대年代의 숨결을 위하여
돌이라도 뱀이라도 집게 하소서.
하나의 하늘이 열게 하소서.
은총의 광야에 나갑니다.
요단 강변에 나갑니다.
이 공허와 흑암과 무의미를
감자처럼 쪄 먹는 나날을
원망 없이 닫아 주소서.
뜻대로 하소서.
춤을 추게 하소서.
말을 하게 하소서.
글을 쓰게 하소서.
사랑의 아버지시여!

전재동
목사, 시인.

1970 BUSAN

거지 소년

거지 소년— 어려서 죽는—
얼마간 냉담 속에서—
얼마간 밟고 가는 발길 속에서—
그리고 아마, 세상 속에서—

잔인한— 웃는— 인사하는 세상—
아랑곳없이 흥청거리는—
"빵 좀" 하는 기죽은 소리 듣지도 않는—
"친절하신 부인—적선 좀—"

구제받는 아이들 속에
밟고 가는 발길이 선다면—
시간이 잊은 그 맨발— 그래서—
진눈깨비— 에는 바람—

한 푼 달라는 어린 손들이
우러러 들렸고— 그러고는—
떨어진 코트를 입어 본 적이 없는 그에게
헛되이 울며 매달렸다—

에밀리 디킨슨
Emily Dickinson
(1830~1886)
미국의 시인.

정현종 역

고아들을 위한 기도

아이들의 아버지이신 주님,

의지할 곳 없이 버림받은 이 아이들을 보살펴 주십시오.

그 아이들은 어렸을 때 이미 부모를 잃었습니다.

그들은 애정 어린 사랑을 알지 못합니다.

그들은 어머니의 미소나 아버지의 애정을 모릅니다.

그들의 가슴은 황무지와 같습니다.

그들의 어린 시절엔 기쁨이 없습니다.

그들은 운명에 맡긴 채 자라납니다.

조그마한 어린애의 이해로는 인생이란

하나의 불행한 사고처럼 보입니다.

그러나 주님, 당신은 아버지이십니다.

당신은 성령으로 용기를 내어 감히 말합니다.

"아버지시여!"

당신의 아이들을 살펴 주옵소서.

그들은 울고 있습니다.

그들은 빵도 없고 추위는 뼛속까지 스며듭니다.

그들의 몸엔 병균이 가득 붙어 있습니다.

그들에겐 애정 어린 사랑이 부족합니다.

주님,

이 어린것들이 당신께로 나아가도록 하여 주옵소서.

작자 미상
르완다의 기도.

장석 역

1960 BUSAN

KAL기 희생자를 위한 기도
―1983년 9월 7일 KAL기 희생자 합동 위령제에서

주여, 당신께 원망하고 넋두리를 펴는 우리를 용서하십시오.
졸지에 사랑하는 자식을 잃고 아내와 남편, 부모형제를 잃은
유가족들의 비탄이 너무나 커서입니다.
우리의 마음 역시 괴롭고 슬퍼서입니다.

야훼 하느님! 당신은 의로우시고, 당신은 사랑 지극하신 분이십니다.
당신이 이들을 벌할 리 없고
당신이 이들을 비명에 몰아넣으실 리 없습니다.
당신이 뜻하시는 것은 죽음이 아니고 생명입니다.
당신이 바라시는 것은 미움이 아니고 사랑이며,
전쟁이 아니고 평화입니다.
그런데 우리는 언제나 당신의 뜻을 외면하고 거스르며 살고 있습니다.
하옵기에 오늘날 이 비극, 세상의 모든 재앙이
다 우리의 죄 때문입니다.
인명을 경시하고 사람 귀함을 망각한 이 시대의 죄 때문입니다.
비명에 가신 분들은 오늘의 세계와 우리 모두가 치러야 할
죗값을 대신 치른 것입니다.
그들은 우리 모두의 죄를 지고 죽었습니다.

김수환
(1922~2009)
전 추기경.

주여, 우리의 이 뉘우치는 마음을 보시고 우리의 기도를 들으시어
이 영혼들을 당신 품에 안으소서.
그들의 눈에서 눈물을 씻어 주시고
그들을 인도하시어 다시는 죽음이 없고
슬픔도 울부짖음도 고통도 없는
당신 생명의 나라, 빛과 평화의 나라로 인도하소서!

또한 비통에 젖은 유가족들을 위로하소서.
그분들의 마음속에 당신의 사랑을 가득히 부어 주소서.
모두가 슬픔을 이기고 당신 빛 속에 보다 굳세게 살게 하소서.
그리하여 이제부터는 온 세계가 당신의 뜻에 순응하여
공산주의 소련도 회개하고 우리 모두의 뜻을 따라
우리 모두 당신께로 마음을 돌리게 하소서.
인간의 존귀함을 깨닫고,
인명을 존중하고 서로 사랑함으로써
이 땅과 온 세상에 주님의 평화를 이룩하는 역군이 되게 하소서.
우리들 그리스도의 이름으로 비나이다.
아멘.

1960 BUSAN

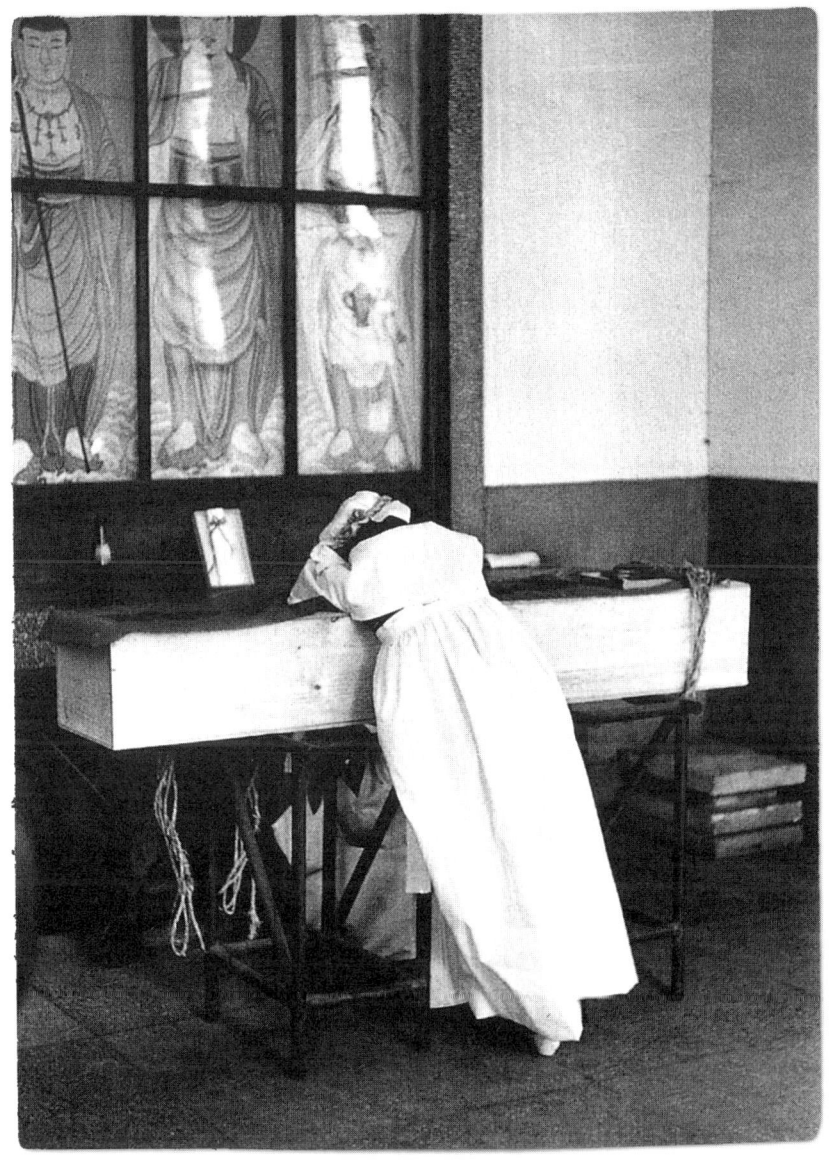

가시관과 보혈

옷은 제비 뽑아 나눴으되
머리의 가시관이 남았더니라
나를 십자가에 못 박아
신 포도주와 초를 먹이고
창으로 찔러
피와 물이 흐를 때도
가시관이 내 살에 박혔더니라

나를 무덤에 옮겨
향유 바르고
베를 감아 뉘인 다음
돌문을 닫았을 때
빛 한 줄기가
가락지처럼 감싸는
가시관이 있었노라

가시마다 보혈이 맺혔었노라
그로부터 오늘까지
내 사랑은 가시관을 쓰노라

김남조
시인.

너희가 모두 죄인이로되
고통을 모르는 자는 멀리 있고
고통을 아는 이는
내 둘레에 머무는구나
나는 피와 꿀을 따르어
너희의 목마름을 일일이 고치노니
가장 오래 애통하던 사람도
예 와선 울음을 그치는도다

닭 울기 전 세 번이나
나를 모른다고 말한
그 측은하고 귀한 내 백성들아
해마다 내가 다시
십자가에 못 박히지 않는다면

너희 영혼은
어디에 집을 짓겠으며
내 사랑은 어떻게 풀겠느냐
나의 만백성아

도마에게
―《황색 예수전》 중에서

만져 보아라 이제는 내가 내 품에 품고 다니는
낯익은 끈적끈적한 상처를
너의 손으로 직접 손가락 집어 넣어라
나의 상처 구멍 속에선
들리지, 보이지 않는 아우성 소리가
보이지, 들리지 않는 가난에 찌든 얼굴들이
아직도 따스하지
그러나 나는 보이는 것과 들리는 것을 만나게 한다
모오든 비명 소리가 내 상처 속에서 목소리를 되찾고
모오든 헐벗음이 내 상처 속에서 헐벗음으로 나타난다
만져 보아라 너의 손으로 직접 손가락 집어 넣어 보아라
그러나 나를 믿는다는 것은
귀 기울여
정성껏 귀 기울이면 들리는 소리를 듣는 것이다
정성껏 살피면 보이는 것을 보는 것이다
이제 나는 의심 많은 너의 곁에 보이지도 들리지도 않을 것이나
귀 기울여
주위의 신음 소리를 살펴보아라

김정환

시인.

그곳에 내가 생생히
꼿꼿하게 아직도 살아 있다
황홀한 가난으로 살아 있다

1965 BUSAN

2

내가

깨었나이다

……너희는 여기 머물러 나와 함께 깨어 있으라

마태복음 26장 38절

말씀의 실상實相

영혼의 눈에 끼었던
무명無明의 백태가 벗겨지며
나를 에워싼 만유일체萬有一切가
말씀임을 깨닫습니다.

노상 무심히 보아 오던
손가락이 열 개인 것도
이적異蹟에나 접하듯
새삼 놀라웁고

창밖 울타리 한구석
새로 피는 개나리꽃도
부활의 시범을 보듯
사뭇 황홀합니다.

창창한 우주, 허막虛漠의 바다에
모래알보다도 작은 내가
말씀이 신령한 기 은혜로
이렇게 오물거리고 있음을

상상도 아니요, 상징도 아닌
실상으로 깨닫습니다.

구상
(1919~2004)
시인.

성회^{聖灰} 수요일에

한 시인은
예수를 서대문 구치소
담벼락에 기대어 울게 하여
우리를 아프게 하였다.

오늘은 재의 수요일
사순절의 수난기에
사람은 웃고
예수는 웃는 사람들의 뒤에서
사람의 모습으로 울고 있다.

우는 예수를 사람들은
유유히 스쳐 간다.
사람들은 바쁘고
수난을 묵상하는 빈자리에
굶주린 예수 홀로 두 손을 모은다.

번들거리는 우리의 이마에
한 점 재를 받을 때
예수는 누더기 옷을 벗어
황금을 가진 자의 추위를 덮는다.

신달자

시인.

1957 BUSAN

사랑은 죽음처럼 강하다

"나는 당신을 찾지 않았고, 나는 당신을 발견하지 못했습니다.
　나는 당신을 목마르게 찾지 않았습니다;
그리고 지금 차가운 죽음의 물결이 나를 둘러쌉니다.
괴로운 죽음의 물결이 나를 놀라게 합니다. ―
　당신은 살피시렵니까, 당신은 보시렵니까.
　당신의 나 죽이심을?"

"네, 나는 당신을 찾았고, 당신을 발견했습니다.
　네, 나는 당신을 목마르게 찾았습니다.
네, 오래전에 사랑의 끈으로 나는 당신을 묶었습니다:
인제 **영원한 팔**이 당신을 에워쌉니다. ―
　죽음의 어둠을 통해 나는 당신을 찾고 보았으며
　그리고 당신을 포옹합니다."

크리스티나 로제티
Christina G. Rossetti
(1830~1894)
영국의 시인.

정현종 역

1980 BUSAN

《모비딕》에서 뽑은 노래

고래 속의 갈빗대와 공포가,
  내 위에 음울한 어둠을 드리운다.
온통 신의 햇빛에 물든 파도가 굽이치고
  나를 운명의 저 깊은 바닥으로 데려가는 동안.

나는 보았다 끝없는 고통과 슬픔이 있는
  지옥의 열린 나락을;
그걸 느낀 사람만이 말할 수 있는 그것—
오, 나는 절망 속으로 뛰어들고 있었다.

캄캄한 절망 속에서 나는 신神을 불렀다
  그가 나의 것이라고 좀체로 믿기 어려운 때,
그는 내 불평에 귀를 기울였다—
  더 이상 고래는 나를 가두지 않았다.

나를 구원하기 위해 그는 빨리 날아왔다.
  물개가 광선을 타고 오듯이
두려우나 쏟아지는 빛처럼 밝았다.
  내 구원자이신 신의 얼굴은.

허먼 멜빌
Herman Melville
(1819~1891)
미국의 소설가, 시인.

정현종 역

내 노래는 영원히 기록하리
　그 무섭고, 그 기쁜 시간을
나는 내 신께 영광을 드린다
　그의 그 자비와 힘을.

1965 BUSAN

영혼의 어두운 밤

어느 어두운 밤에
사랑에 들떠 열이 올라
(오 그지없이 행복한 맹세여!)
아무도 몰래 나왔노라
고요한 나의 집을.

밤에, 눈에 안 띄게
비밀 계단으로, 변장하고
(오 그지없이 행복한 맹세여!)
밤에, 몰래
고요한 나의 집을.

헤매는 복된 밤에
몰래, 아무 눈에도 띄지 않고
나도 본 게 없이
빛도 길잡이도 없이
마음속에 타는 불빛밖에는.

십자가의 성 요한
San Juan de la Cruz
(1542~1591)
스페인의 신비주의자.

정현종 역

한낮 빛보다 더 탄탄히
그 빛이 나를 이끌었어라
내가 잘 아는 분이
나를 기다리시는 데로
그분만이 계시는 그곳으로.

오 그렇게 인도한 밤이여
오 새벽빛보다 한결 좋은 밤이여
사랑하는 이들을 서로 보이게 하고
기쁨의 결혼으로 어우르게 하는
오 그렇게 좋은 밤이여!

내 꽃다운 가슴속
오로지 그분 위해 지녀온 가슴속에
내 사랑하는 그분을
달콤히 쉬시게 하리
삼나무들은 부채인 듯 바람을 보내고.

첫 바람은 탑에서 불어와
그분의 머리카락 흩날릴 때
그분의 손 부드럽게
나를 감싸 안으시니
내 몸의 모든 감각 끊어졌어라.

그래 나는 모든 걸 잊고
나를 맞아 주신 그분께 뺨을 대니
모든 게 없고 나도 없어라
내 근심과 부끄러움
백합들 속에 둔 채 잊어버리고.

영역: 아서 시몬스

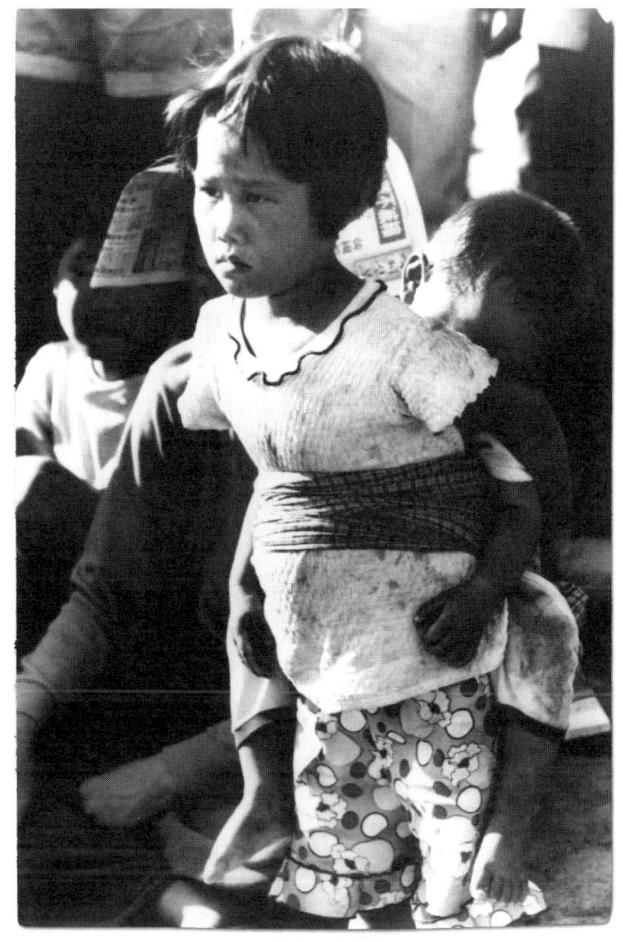

1958 BUSAN

사랑

갈릴리에서 인 바람은
나무 잎새 하나 떨구지 않았지만
지금도 이승의 벽은
무너지고 있다
비 한 방울 거느리지 않고
이천 년의 마른 가슴을
적셔 주고 있다

골고다에서 진 바람은
아무런 기적도 나타내지 않았지만
진실은
찢기고 바래인 누더기임을
피 흘려 쓰러지며
무력해서 강한 것임을
일러 주었다

김광림
시인.

남에게 마냥 베풀 수는 있어도
자신에겐 끝내 베풀지 못한
사랑은
바보스런 힘
그토록 무량한 것은
이 세상에
따로
또
없었다

빛의 노래

오 나는 공기처럼 맑고자
   물처럼 맑고자
그 사랑스러운 빛이 나를 통해 비칠지 몰라
   그늘진 무지와 공포 위에.

내가 그러리라고 어찌 생각할 수 있으랴.
   내가 그걸 어찌 바라고 꿈꿀 수 있으랴.
육체 속에서 무디고
   유한함으로 흐려져 있는 내가?

내가 어떻게 바랄 수 있으랴.
   그런 영광이
의심과 공포와 운명과 눈물을 통해
   영속하는 세월 속으로 스러지는 걸 알면서?

오 힘찬 **영원한 빛**이여
   나는 내가 두려워하는 그 광채를 사랑하니
나로 하여금 공기처럼 맑게 하시고
   물처럼 맑게 하시기를.

마거리트 윌킨슨
Marguerite Wilkinson
(1883~1928)
영국의 작가.

정현종 역

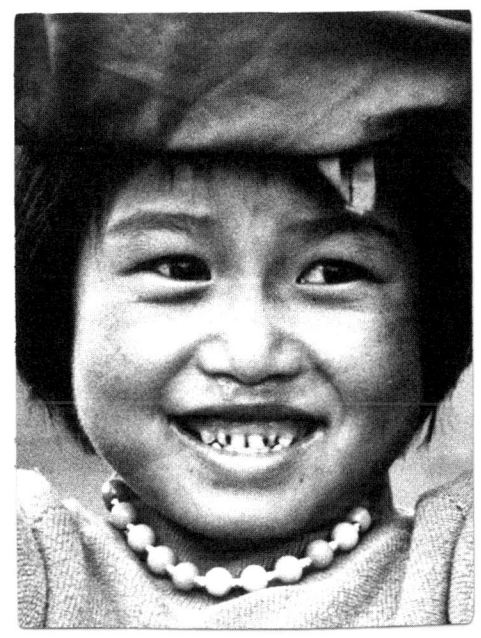

1960 BUSAN

시간에 대하여

날아라 샘 많은 '시간'이여, 그대가 그대의 경주를
  끝낼 때까지,
무거운 측연추測鉛錘의 속도에 불과한
게으르고 둔한 발걸음의 시간들을 방문하라;
그리고 그대의 자궁이 삼킨 걸로 그대의 자아를 배불리 먹여라.
그건 그릇되고 헛된 것일 따름,
죽어야 할 찌꺼기일 따름;
우리의 손실도 얼마 안 되고
그대의 획득도 얼마 안 된다.
왜냐하면 그대와 더불어 있던 것들을 그대가 묻고
마침내 그대의 모든 탐욕이 소진되면
그때 영원이 그 독특한 키스로
우리의 축복에 인사하리니;
그리하여 기쁨이 홍수처럼 우리를 휩싸리,
참으로 선하고 완전히 신성한 모든 게
진리와 평화와 사랑으로
그분의 지고至高한 왕좌 둘레를 영원히 비춰
행복을 낳는 그 모습만을 보여 주리,

존 밀턴
John Milton
(1608~1674)
영국의 시인.

정현종 역

하늘에 이끌린 우리 영혼이 한번 오르기만 하면
이 세상의 모든 천함은 끝나리
별들을 차려입고, 우리는 영원히 앉으리
죽음과, 우연과, 오, 그대 시간을 이기고.

1962 BUSAN

수태고지 受胎告知
— 천사의 말

당신은 우리에 비해 하나님 가까이에 있지 않고,
우리는 고작 멀리 있습니다.
그런데 당신의 손을 통해 가장 놀랍게
그분의 영광은 나타납니다.
여자의 소매에서 어떤 것도
그렇게 무르익고, 그렇게 빛나게 자라난 적이 없습니다:
나는 날, 나는 이슬,
성모여, 당신은 나무.

용서하세요, 인제 내 오랜 여행은 끝났고
나는 그분이 — 태양 속에 앉아 계신 듯
금빛 옷 속에서 장려하게 빛나는 그분이
당신께 전하라는 말을 잊어버렸습니다. 깊은 말씀이었는데
(공간이 나를 당황케 했으니까요).
창시자인 나는 시작했고
성모여, 당신은 나무.

나는 날개를 넓게 펴 떠올랐고
주위 공간은 줄어들었습니다;
당신의 작은 집은 내 풍부한

라이너 마리아 릴케
Rainer Maria Rilke
(1875~1926)
독일의 시인.

정현종 역

옷으로 넘칩니다.
그러나 당신은 여전히 홀로 계시고
나를 알아보지 못하십니다;
나는 단지 숲 속의 미풍,
성모여, 당신은 나무.

천사들은 합창하면서 떨고,
창백해지며, 그리고 헤어집니다:
갈망과 욕망이
그렇게 희미하고 그런데도 그렇게 큰 적이 없었습니다.
당신이 꿈 속에서 알아차린
무언가가 존재하려는 것 같습니다.
만세! 내 영혼은 당신이
무르익고 충만하심을 볼 수 있으니.
언제나 우리의 선善을 위해 열릴
당신, 높으신 문이여:
당신의 귀는 내 갈망의 노래들을 가늠하시고
내 말은—나는 인제 압니다—숲 속에서처럼
당신 속에서 길을 잃었습니다.

그리하여 당신의 마지막 꿈은

나에 의해 이루어지도록 설계되었습니다.

하나님은 나를 바라보십니다:그분은 나를 눈멀게 하십니다……

성모여, 당신은 나무.

영역:J. B. 리쉬먼

생각한 뒤에

내 짝이며 내 길잡이이신 당신을 나는
지나간 존재라고 생각했습니다. ―헛된 연민!
왜냐하면, 듀던, 과거를 돌아볼 때
나는 있던 것과 있는 것과 있을 것을 보기 때문이지요;
여전히 시냇물은 흐르고, 또 영원히 흐를 것입니다;
형상*은 남고, 작용*은 죽지 않습니다;
우리들, 용감한 자, 역사力士, 그리고 현자賢者인
우리 인간―젊음의 아침에 그 요인쭂因*들을 깔보았던
우리가 소멸해야 한다고 하더라도; ―그러라지요!
우리 손에서 나오는 뭔가가, 살고 행동하고 미래를 위해 기여하는
힘을 가지고 있다면 그걸로 충분합니다;
그리고, 우리가 말 없는 무덤을 향해 가면서
사랑을 통해, 희망을 통해 그리고 신앙의 선험적 자질을 통해
우리가 아는 것보다 스스로가 더 위대하다고 느낀다면―.

윌리엄 워즈워스
William Wordsworth
(1770~1850)
영국의 시인.

정현종 역

•이 작품에 나오는 형상形相, 작용作用 따위의 말은 아리스토텔레스의 형이상학에서 가져온 개념인 듯하다. 아리스토텔레스는 우리가 사물을 알기 위해 제기할 수 있는 질문으로 다음의 네 가지를 말하고 있다.
1) 그것은 무엇으로 되어 있는가 (질료質料),
2) 그것은 무엇인가 (형상),
3) 그것은 무엇이 만들어 냈는가 (작용),
4) 그것은 무엇을 위한 것인가 (목적)
따라서 8행의 '요인'이란 위의 네 가지를 뜻할 것이다.

1960 BUSAN

티레˙의 사내

티레의 사내가 바다로 내려갔다.
그는 희랍인이었으니, 신神은 하나요 혼자며 그리고
   줄곧 그러리라고 생각하면서.

그리고 시내가 바다의 자갈밭으로 흘러내려 스며드는
바위 많은 못에서 빨래를 하고 있던 여자—
만灣 위로 둑을 이룬 자갈 위에 흰 빨래를 널고,
속옷은 바닷가 경사진 자갈 더미 위에 벗어 놓고,
저녁 연초록 바다 모래톱으로 나아간 그 여자가
온몸에 바닷물을 뒤집어쓰더니
돌아서서, 저녁 하늘을 배경으로, 천천히 걸어 나왔다.

오 아름답고 사랑스러워라, 그녀가 해협으로 점점 깊이
   내려갔다가 다시 얕게 떠오를 때
   그 틀어 올린 검은 머리
바닷가로 나아가는 그녀를 천천히 솟아오르게 하는
   풍만한 넓적다리
뒤의 고요한 하늘에서 내려오는 빛으로 파리한 어깨
황혼의 매혹적인 부드러움으로 물든 희미하고 신비로운 젖가슴

D. H. 로렌스
D. H. Lawrence
(1885~1935)
영국의 소설가.

정현종 역

그리고 무슨 표지 같은 검은 아디안텀**의 희미한 얼룩은
그 사내에게 어떤 메시지를 주느니—

그리하여 등나무 숲에서 그는 신神만이 줌 직한
기쁨에 젖어 손뼉을 치고 중얼거렸다:
보라! 신은 하나다! 허나 여기 황혼 속에서
아프로디테가 바다에서 나와 신성하게 사랑스럽게
내게로 오느니!

---

* 티레 Tyre: 고대 페니키아의 항구도시로 지금의 레바논 남부에 있다.
** 아디안텀 adiantum: 공작고사리 따위의 양치류.

신앙

눈을 감고 잠잠히 생각하라
무거운 짐에 우는 목숨에는
받아 가질 안식을 더하려고
반드시 힘 있는 도움의 손이
그대들을 위하여 내밀어지리니.

그러나 길은 다하고 날이 저무는가,
애처로운 인생이여
종소리는 배바삐 흔들리고
애꿎은 조가弔歌는 비껴 울 때
머리 수그리며 그대 탄식하리.

그러나 꿇어앉아 고요히
빌라 힘 있게 경건하게.
그대의 맘 가운데
그대를 지키고 있는 아름다운 신神을
높이 우러러 경배하라.

김소월
(1902~1934)
시인.

멍에는 괴롭고 짐은 무거워도
두드리던 문은 머지않아 열릴지니
가슴에 품고 있는 명멸明滅의 등잔을
부드러운 예지叡智의 기름으로
채우고 또 채우라.

그러하면 목숨의 봄 두덕의
살음을 감사하는 높은 가지
잊었던 진리의 몽우리에 잎은 피며
신앙의 불붙는 고운 잔디
그대의 헐벗은 영령英靈을 싸 덮으리.

성녀 테레사의 서표書標

어떤 것도 당신을 어지럽히지 않도록 하세요,
아무것도 당신을 위협하지 않습니다;
모든 게 사라집니다:
신은 변하지 않습니다;
참을성 있게 견디면
모든 걸 이룹니다;
신을 지닌 사람은
부족한 게 없습니다;
신만이 충족합니다.

영역: H. W. 롱펠로

성녀 테레사
Santa Teresa
(1515~1582)
에스파냐의 성직자.

정현종 역

1970 BUSAN

성 어거스틴을 본받아

햇빛이든 서리이든
  폭풍이든 평온이든 **당신**이 선택하실 일입니다.
비록 **당신**의 모든 선물을 잃어버렸다 해도
  당신 자신을 우리는 잃을 수 없습니다.

메리 엘리자베스
콜리지
Mary Elizabeth
Coleridge
(1861~1907)
영국의 시인, 소설가.

정현종 역

1982 BUSAN

1962 BUSAN

오라 친구여, 신부를 맞으러

오라, 친구여, 신부를 맞으러, 그리하여 우리 안식일을
　환영하자!
나팔과 현악기로 우리 한 하나님을 한 말로 찬양하자.
주는 한 분, 그의 이름은 하나, 주께 영광을 돌리자.
　　오라, 친구여……

일어나 안식일을 맞이하자; 그건 치유의 샘이요, 창조 때
　봉헌되었느니
노동의 끝이요, 명상의 시작이라.
　　오라, 친구여……

그대의 젊음을 되찾으렴; 스스로 먼지에서 일어나
　잔치 옷을 차려입으렴;
이사야의 아들, 그 베들레헴 사람이 우리에게
　자유를 가져오리니
　　오라, 친구여……

하인리히 하이네
Heinrich Heine
(1797~1856)
독일의 시인.

정현종 역

깨어나, 깨어나라, 그대의 **빛**이 비추이니; 비추라,
   오 **빛**이여, 깨어나, 깨어나라;
호산나 노래하고, 희년禧年을 노래하자; 하나님의 빛이 켜졌다.
     오라, 친구여……

가슴을 들어라; 수줍어하지도 말고 고개 숙이지도 말아라;
폐허에서 솟아나, 성시聖市가 다시 세워지리니.
     오라, 친구여……

그대의 적이 패주하리니, 그래, 완전히 쓰러지리니;
하나님은 그대의 기쁨을 취하시리, 신랑이 신부와
   더불어 그러하듯이.
     오라, 친구여……

그대의 씨가 좌우로 뿌려지리니;
   오 다윗의 아이들을 통해 하나님을 찬양하라.
오 기쁨이여! 오 희년이여!
     오라, 친구여……

평화롭게 오라, 신랑의 왕관이여; 선택받은 사람들 가운데
  신심 깊은 이들에게 기쁨과 회춘回春이 되면서.
오라, 오 신부여, 아름다움과 자비 속에 오라
  오라, 오 신부여.

영역: 루이스 언더메이어

* '신부 bride'는 안식일의 상징.

1969 BUSAN

노래

감포甘浦 앞바다의 겨우내 빈 그물질이
또 다른 하나의 섬을
건져 올리고—

그대 나의 하느님, 오늘은
저 깊은 곳으로 가서
그물을 치라시니
그대로 하겠습니다.
이 세상 영영 캄캄한 바람 그늘 속의
제자리 걸음마다
나는 한 개비의 성냥불을 켜 들고
노래를 부르겠습니다.

저 바깥 어두운 곳에서는
새롭거나 오래인
많은 길들이 뻗어 있고,
나의 길을 끝까지 가고 가다가
저문 날의 하늘 그 푸른 노을 속에
노래만을 남기고……

이정우
신부.

피조물의 노래

가장 높으시고, 전능하시고, 선하신 주여,
찬미와 영광과 모든 축복을 받으소서.
가장 높으신 당신만이 그것들을 받으실 수 있고
당신에 관해 말할 만한 사람은 아무도 없습니다.

찬미하리이다 내 주여, 당신의 모든 피조물과 함께
무엇보다도 낮을 주고, 우리를 비추는
형제인 태양과 함께.
그는 아름답고 찬란한 광채로 빛납니다.
그리고 가장 높으신 이, 당신을 닮았습니다.

찬미하리이다 내 주여, 자매인 달과 별들을 만드신 당신,
맑고 귀하고 아름다운 그것들을 하늘에 만드신 당신.

찬미하리이다 내 주여, 자매인 물—
제일 쓸모 있고, 겸손하고, 귀하고, 정결한 물을 만드신 당신.

찬미하리이다 내 주여, 형제인 불—
밤을 밝히시는 불을 만드신 당신,
그는 아름답고 건장하고 강합니다.

아시시의 성 프란체스코
St. Francis of Assisi
(1182~1226)
이탈리아의 성인.

정현종 역

찬미하리이다 내 주여, 자매인 대지를 만드신 당신,
그는 우리를 키우고 떠받치며
여러 과일과 각색 꽃들 그리고 풀들을 낳습니다.

찬미하리이다 내 주여, 당신의 사랑을 바라고
병과 고난을 견디는 이들을 위하여.
평온 속에 그걸 견디는 사람들은 복될지니,
가장 높으신 당신이 그들을 영예롭게 하실 테니까요.

찬미하리이다 내 주여, 자매인 육체의 죽음,
아무도 피할 수 없는 그 죽음을 주시니.
인간의 죄 속에 죽어 가는 사람들을 슬퍼합니다:
하지만 당신의 신성한 의지 속에서 발견된 사람들은 복될지니
두 번째 죽음은 그들을 해롭게 하지 않을 테니까요.

오 내 주를 찬미하고 축복하며, 또한 그분께 감사합시다.
또 커다란 겸손으로 하나같이 그분을 섬깁시다.

* 'Saint Francis of Assisi'이지만 다른 자료에는 'The Canticle of Creatures'라고 되어 있어서 그에 따라 제목을 붙였다.

1973 BUSAN

하나님 감사합니다

하나님 감사합니다 이 놀라운
날에 대해: 약동하는 초록 나무들의 정精
하늘의 푸르고 참된 꿈; 그리고 모든
자연적이고 영원하고 예스YES인 것에 대해

(죽었던 나는 오늘 다시 살아나고,
오늘은 태양의 생일, 오늘은 생명의 생일,
사랑과 날개의 생일: 그리고 한없이
즐겁고 위대한 사건인 지구의 생일)

맛보고 살에 느끼고 듣고 보고
숨 쉬는 어떤—무無에서 들어 올려진—
인간에 불과한 존재가
상상할 수 없는 **당신**을 의심하겠습니까?

(이제 내 귀 중의 귀가 열리고
내 눈 중의 눈이 열립니다)

E. E. 커밍스
Edward Estlin Cummings
(1894~1962)
미국의 시인, 화가, 소설가.

정현종 역

1966 BUSAN

달빛은 둑 위에서 참 기분 좋게 잠자고 있구나
—《베니스의 상인》중에서

달빛은 둑 위에서 참 기분 좋게 잠자고 있구나!

자 우리 여기 앉아서 음악 소리나

들읍시다: 부드러운 고요와 밤은

기분 좋은 화음에 잘 어울리니.

앉아요, 제시카: 하늘은 온통

번쩍이는 황금 접시를 박아 넣은 것 같잖소:

저기 보이는 아무리 작은 별도

그 움직임이 천사의 노래와 같지 않은 게 없소,

눈 맑은 아기 천사들에 화창和唱하면서;

불멸의 영혼들 속에는 저런 화음이 있어요;

그러나 썩고 말 이 진흙 같은 살에

싸여 있어서, 우리는 그걸 들을 수 없소.

윌리엄 셰익스피어
William Shakespeare
(1564~1616)
영국의 작가.

정현종 역

1965 BUSAN

이 가을에도

주여, 아직은
귀뚜라미 풀벌레들이
우리와 함께 살고 있음을
도시의 무덤가에서 감사드립니다.

새벽 달빛보다 싸늘한
가을의 강물 소리로
저들이 무엇을 울고 있는지를
이 가을에도
귀 있는 사람들은 듣게 하소서.

잎이 지고
열매들만 남아서
나무들이 보여 주는 당신의 뜻을
이 가을에도
눈 있는 사람들은 보게 하소서.

최진연
시인.

내가 당신의
한 그루 나무로서
잎만 무성하지 않게 하시고
내 인생의 추수기에
따 담으실 열매가 풍성하게 하소서.

주여, 아직은
내 인생에 겨울이 멀었다고
황충黃蟲 먹은 나날을 노래하지 말게 하시고
당신의 묵시로 가득 찬 이 세상에
감격하며 살게 하심을 감사드립니다.

내 주는 정원을 가지셨네

내 주는 정원을 가지셨어요, 온갖 꽃들로 가득 찬,
거기서 당신은 어느 때나 즐거운 꽃들을 모을 수 있습니다
    여기는 아무 소리도 들리지 않고
    오직 극락조 소리뿐
        하프, 덜시머 그리고 류트,
        심벌즈와
        탬버린
    그리고 부드러운 플루트 소리.

오, 주 예수여, 제 나음과 복됨, 제 지복至福을 이루었습니다
제 가슴을 당신의 참되고 아름답고 정결한 정원으로 삼으소서
    그래서 제가 듣게요
    이 선명한 음악을,
        하프, 덜시머 그리고 류트,
        심벌즈와
        탬버린
    그리고 부드러운 플루트 소리.

작자 미상
정현종 역

꽃들은 크나큰 은총

주는 제자들과 함께 초원에 꽃다발을 만드시고 백합을 들어
　설교하셨으니.
하느님의 천사들이 그걸 그의 손에서 옮겨 하늘로
　가져갔으니.
제 속에 자비심이 없는 사람은 공변된 정신을 가질 수
　없으니.
꽃들이 없는 하늘은 없으니.
꽃들은 모든 감각을 위한 커다란 미덕을 갖고 있으니.
꽃들은 신을 찬미하고 뿌리는 악마를 받아넘기니.
꽃들은 그들의 천사를 갖고 있고 신의 창조의 말씀까지
　갖고 있으니.
꽃들의 날과 씨는 끊임없이 움직이는 영靈의 솜씨이니.
꽃들은 산 사람과 죽은 사람에게 다 좋으니.
거기 꽃들의 말이 있으니.
거기 모든 꽃들에 관한 흠 없는 논증이 있으니.
우아한 구절들이란 꽃들일 따름이니.
꽃들은 특히 그리스도의 시이니.

크리스도퍼 스마트
Christopher Smart
(1722~1771)
영국의 시인.

정현종 역

노래

주여 당신의 감미로운 은총을 느낄 때
당신의 얼굴을 찾도록 내 영혼을 들어 올리소서.
당신의 축성祝聖된 눈이 이런 욕망을 키우오니
나 사랑의 달콤한 불 속에서 죽습니다.
오 사랑이여, 나는 당신의 '제물'입니다.
언제나 의기양양하소서, 축성된 눈이시여.
더욱 나를 비추소서, 아름다운 천체여! 그리하여
비록 나 죽을지라도 계속 바라볼 수 있도록.

비록 내가 죽을지라도, 나는 다시 삽니다:
죽임을 당하면서도 여전히 그렇게 바랍니다,
숨이 끊어지는 것은 그다지도 유일한 일,
나는 죽습니다, 죽음을 욕망하면서까지.
아직 내 속에 살고 있습니다.
살아 있는 '죽음'과 죽어 가는 '삶'의 어여쁜 싸움이,
당신이 감미롭게 나를 죽이실 때
스스로를 느끼지 못하면서, 나는 당신 속에 삽니다.

리처드 크래쇼
Richard Crashaw
(1612~1649)
영국의 시인.

정현종 역

1975 BUSAN

사랑의 종

사랑의 종이 울리면
네 안식처로 돌아가라
거리는 피로한 곳
유혹의 그물을 벗어나라
돌아가 내일을 위해
새 설계를 그려라.

사랑의 종이 울리면
미운 생각을 버려라
부드럽고 은은한 소리
네 가슴에 무늬질 때
분노의 불길을 끄고
고운 마음을 품어라.

사랑의 종이 울리면
슬픈 눈물을 씻어라
갈래길을 헤매며
고민도 낙망도 마라
즐거운 웃음 속에서
삶의 값을 찾아라.

이은상
(1903~1982)
작가.

사랑의 종이 울리면
네 몸을 살펴보라
지금 이 시간 무엇을 하나
바르고 힘차게 살라
저 맑고 깨끗한 소리
천사의 음성 같구나.

사랑의 종이 울리거든
축복의 기도를 올려라
네 집과 이웃과
겨레와 인류를 위해
눈앞에 평화의 세계
꽃피듯이 열리리라.

1960 BUSAN

일요일 아침의 기도

아멘! 성부와 성자와 성신의 이름으로!
   저는 준비되었습니다, 저는요!
하나님이시여, 저는 다시 살아났습니다,
   그리고 저는 다시 당신과 함께 있습니다.

저는 잠을 자고 있었습니다.
   저는 어둠 속에 죽은 자처럼 누워 있었습니다.
하나님께서 말씀하셨습니다, 빛이 있을진저!
   그리고 저는 잠을 깼습니다, 고함을 지르듯이!

저는 불쑥 일어났고 잠을 깼습니다,
   그리고 저는 일어서서 시작되는 하루와 함께 시작합니다!
새벽이 되기 전에 저를 만드셨던 아버지시여,
저는 당신 앞에 있습니다.

나의 심장은 자유롭고 나의 입은 순수합니다,
   내 육체와 정신은 아무것도 먹지 않고 있습니다.
저는 제가 하나하나 고해한 저의 모든 죄를 용서받았습니다.

폴 클로델
Paul Claudel
(1868~1955)
프랑스의 시인, 극작가.

김치수 역

결혼반지는 내 손가락에 끼어 있고,
　내 얼굴은 깨끗이 씻었습니다.
저는 당신께서 제게 베푸신 은혜 속에
　순결한 존재와 같이 되었습니다.

당신께 속하지 않은 것은
　내게 주실 수 없는 당신께 무엇을 요구하겠나이까!
서저의 이름이 새겨진 이 금화金貨겠습니까,
　제가 모든 사람의 마음에 들 이 말씀이겠나이까.

그러나 저는 태양 자체를 갖겠습니다.
　저는 당신의 차원까지 내 팔을 벌립니다.
저는 하늘 꼭대기에서 황금빛 점點 하나를 봅니다,
　당신의 승천절 날에 그러한 것처럼.

저는 이 세상을 있는 그대로 받아들입니다.
　저는 거기에서 변경시킬 것이 하나도 없습니다.
주님이시여, 오직 당신 자신을 제게 주시옵소서,
　그것으로 충분합니다.

당신께옵서 당신을 위해 잡아 둔
   제 칠 일을 나머지 엿새에 포개소서.
아, 오늘은 토요일이 아닙니다, 일요일입니다,
   그리고 첫 미사의 종소리가 울릴 것입니다!

황량하게 다시 나타난 동양의 하늘 한가운데
   샛별이 홀로 빛납니다.
수탉이 울고 마리 마들렌느(막달라 마리아)가
   무덤을 향해 달려갑니다.

태어나는 공기의 다이아몬드여!
   현실의 하루의 태어남이여!
당신께서 마침내 오셨습니다,
   나의 영원한 결혼 날 아침에!

시간이 없습니다,
   잠시 후 해는 떠오를 것입니다.
그 때문에 우리가 해야 할 것을 당장에 하십시다.

성스런 그리스도 정신을 위해 명상하고
   옷을 입는 장중하고 재빠른 사제처럼,
서둘지도 말고 미루지도 말고
   우리들의 직책에 속하는 몫을 위해 무장합시다.

마치 방금 만들어진 한 사람처럼,
   손도 대지 않은 아주 새로운 하나의 발명품처럼,
내 안에 있는 모든 힘이 그의 대상이고
   기도 전체가 하나의 행위입니다.

삼위일체이신 하나님이시여,
   그 관계 속에서 그리스도께서 십자가를 지셨고,
모두가 말씀인 로고스여,
   당신께서 하신 말씀을 저는 믿습니다.

당신은 쇠못으로 고정된 주어진 말씀입니다.
제가 희망을 걸었던 직책을 저는 두 팔을 벌리고 행합니다!

저는 당신의 상처 위에 놓인 손가락이며
   당신의 심장 자체에 놓인 손입니다.
전능하신 하나님인 당신이여,
   당신은 제가 당신을 사랑하는 것을 막을 수 없나이다.

그 안에서 제가 당신의 영생과 연결되고 있는
   신속한 의식儀式은 이룩될지어다.
우리 안에 있는 나뉘어질 수 없는 하나님의 이 순간에는
   아무것도 너무 짧은 것은 없습니다.

우리 사이에 이 서약을 지킵시다!
   내가 방탕한 생활에 빠지지 않을까
   두려워하는 나를 고정시켜 주소서.
저의 말에 대한 하나님의 자비여,
   내 마음과 내 원칙을 기록하소서.

당신이 만드신 이 제 칠 일에, 주님이시여,
   만일 그것이 내 마음속에 있지 않다면,
당신의 마음의 평화란 어떤 것이겠습니까?

1985 BUSAN

3
뜻을 이루옵소서

내 아버지여 만일 할 만하시거든
이 잔을 내게서 지나가게 하옵소서
그러나 나의 원대로 마옵시고
아버지의 원대로 하옵소서
마태복음 26장 39절

기원

정직한 미움을 말하되
거짓된 분노를 말하지 않게 하소서
참된 분노를 말하되
헛된 인내를 말하지 않게 하소서
솔직한 항거를 말하되
비굴한 복종을 말하지 않게 하소서

바람에 흔들리는 갈대이기보다는
만년을 그냥 있는 의연한 바위로
고여서 오래 썩는 못물보다는
광란의 밀어 치는 노도가 되게 하소서

당신의 눈물이 우리의 눈물 되게
당신의 피 흘림이 우리의 피 흘림 되게
당신의 찢어짐이 우리의 찢어짐 되게
당신의 승리가 우리의 승리
당신의 사랑이 우리의 사랑 되게 하소서

박두진
(1916~1998)
시인.

일체 잠든 우리의 양심에

활활 불을 당겨 주시옵소서

일체 죽은 우리의 영혼 위에

주님의 사랑을 뜨겁게 불 질러 주시옵소서

1989 WAEGAN

1960 BUSAN

종교재판에서의 선언

여기

내가 섰나이다

나는

아무것도

할 수 없사오니

주여

도와주소서!

마르틴 루터
Martin Luther
(1483~1546)
독일의 종교 개혁자.

이재철 역

하나님의 자비를 위하여

오 주여,
우리로 하여금 기도하기를 타이르시며
우리가 원하는 바를 채워 주시는 아버지시여,
오직 우리가 간구할 때에만
우리의 삶이 나아짐을 믿사오니
이 어둠 속에서 떨고 있는 나의 부르짖음을 들으사
당신의 강한 팔로 붙들어 주소서!
아, 나의 앞길을 당신의 빛으로 비추소서
아, 이 끝도 없는 방황에서 건져 주소서
나는 당신이 나의 목자 되실 때에만
당신의 아들이며 나의 주님이신 예수 그리스도를 통하여
나 자신과 당신을 되찾을 수 있을 뿐이나이다

애통하나이다! 주여
불쌍히 여기소서
애통하나이다! 주여
나는 상처뿐인 환자이나
당신은 치료하는 분이시며
나는 비참하고 연약하나
당신은 자비로우시나이다

성 아우구스티누스
St. Augustinus
(354~430)
초기 기독교 교부.

이재철 역

이 땅에서 산다는 것 자체가 시험이나이다
괴롬과 고난을 바랄 자 그 어디 있나이까?
당신은 고난과 괴롬을 사랑하라는 것이 아니라
인내하라고 명하시나이다
왜냐하면 아무리 인내하기를 즐기는 자라 할지라도
인내해야 할 것을 사랑하지는 않기 때문이며
인내하기를 기뻐하는 자임에도 불구하고
인내해야 할 것은 아무것도 없다고 생각하기 때문이나이다

나는 역경 속에서 번영을 구하며
번영 속에서는 역경에 처할까 두려워하나이다
도대체 역경과 번영의 중간은 무엇이며
시험이 아닌 인생은 또 그 어디에 있나이까?
불행과 슬픔에 대한 두려움 때문에
이 세상의 번영 속에는 비애가 거듭하여 스며들고,
역경 그 자체는 괴로운 것이자 인내를 파괴시키므로
번영에 대한 탐욕을 이기지 못해
이 세상의 역경 속에는 끊임없이 비애가 스며드나이다!

이 세상에 산다는 것 자체가 시험이며
그것은 쉴 새 없이 다가오는 것이 아니나이까?
나의 온전한 희망은 오직 당신 속에서
크나큰 자비를 받는 것이오니
당신이 명령하실 바를 주옵시고
당신이 하고자 하심을 명령하옵소서

1968 BUSAN

평온한 날의 기도

아무런 근심도 없이
평온한 날은
평온한 마음으로
주님을 생각하게 하십시오
양지바른 창가에 앉아
인간도 한 포기의
화초로 화하는
이 구김살 없이 행복한 시간
주여,
이런 시간 속에서도
당신은 함께 계시고
그 자애로우심과 미소 지으심으로
우리를 충만케 해 주시는
그
은총을 깨닫게 하여 주십시오.
그리하여
평온한 날은 평온한 마음으로
당신의 이름을 부르게 하시고
강물같이 충만한 마음으로
주님을 생각하게 하십시오.

박목월
(1916~1978)
시인.

순탄하게 시간을 노 젓는
오늘의 평온 속에서
주여,
고르게 흐르는 물길을 따라
당신의 나라로 향하게 하십시오.
삼월의 그 화창한 날씨 같은 마음속에도
맑고 푸른 신앙의 수심水深이 내리게 하시고
온 천지의 가지란 가지마다
온 들의 풀섶귀마다
움이 트고 싹이 돋아나듯
믿음의 새 움이 돋아나게 하여 주십시오.

폐허의 시간 속에서

만물의 주님이신 나의 하나님, 나의 행복이시여,
도대체 언제까지 나는 당신 앞에서
당신의 모습이 나에게 보여지기를 기다려야만 하나이까?
이 땅에서 아무것도 가진 것이 없는 자가
당신을 떠나 어떻게 생명을 얻을 수 있나이까?
진실로 살아 있는 삶이 아니라
매사에 극도의 방종과 폐허를 겪는 삶이란
그 얼마나 지루하고 고통스럽나이까!
언제까지 오 주여!
아, 도대체 언제까지 그런 삶이 지속되어야 하나이까?
나의 지고한 선善이시여,
나는 도대체 무엇을 해야만 하나이까?
나는 이제 당신을 사모하기조차 그쳐야만 하나이까?

아빌라의
성 테레사
St. Teresa of Avila
(1515~1582)
가톨릭 성자.

이재철 역

나의 하나님이며 나의 창조주시여,
당신은 우리를 다치시게 하시지만
또한 치유의 방법도 주시나이다
당신이 우리를 다치게 했음에도 불구하고
상처의 흔적이란 찾을 수가 없나이다
당신은 생명을 죽이시며 또 새롭게 하시나이다
당신의 전능하심 속에서,
당신의 선한 뜻에 따라,
오 주여, 당신은 모든 것을 처분하시나이다

나의 하나님, 벌레만도 못한 하찮은 내가
이런 고난을 견디기를 당신은 원하시나이까?
나의 하나님, 당신이 원하신다면,
나의 뜻이란 다름 아닌 당신의 뜻이오니 그렇게 하소서
그러나 오, 나의 창조주여!
넘쳐 오르는 고통이 나의 무력함을 소리쳐 애통케 몰아치오니
당신의 온전한 위로로 나를 구원하여 주소서

속박당한 내 영혼은 자유를 갈구하오나
내 영혼이 당신에게 속박되기를 원하시면 뜻대로 하소서
그렇다면 내 영혼아!
하나님의 뜻이 네 속에서 이루어지도록 하라
오직 그것만이 네게 소중하리라
주님을 섬기며 주님의 자비를 신뢰하라
오직 이것만이 너의 고통을 덜어 주리라

오 나의 하나님, 나의 왕이시여!
당신의 전능하신 손 없이는, 당신의 천국의 권능 없이는
나는 아무것도 할 수 없사오니 도와주소서
당신의 도움을 힘입으면 내게 능치 못한 일이 없으리이다

1961 BUSAN

낙망치 말게 하소서

하늘에 계신 아버지!

내 육신의 아버지가 나를 세상으로 내보내듯

당신도 그와 같이 나를 이 땅으로 보내셨나이다.

나는 세상사로 하여 당신으로부터 멀어졌으매

나의 눈으로 당신을 보지 못하고

육신의 귀로 당신의 음성을 듣지 못하나이다.

나는 지금 이 세상에 서 있고 길은 내 앞에 열려 있사오나,

유예되지 않는 낙망의 순간 속에서 너무나 오래도록 지쳤사오며

유예되지 않는 곤고困苦의 안타까움 속에서 심히도 무디어졌나이다.

그러하오니 당신의 아들에게

이 광활한 세상 속에서 낙망으로부터 벗어나는 자유를 주옵시고

거짓 선지자가 창궐하며 의로운 길을 찾기 힘들 때에도

낙망으로부터 벗어나는 자유를 주옵소서.

때려 부술 듯 몰아치는 폭풍우의 격함 때문에,

여러 사건들에 대한 공포 때문에,

인간의 고통이 빚어내는 절망 때문에,

불안과 근심이 꽁꽁 묶여진 듯 보일 때에

낙망으로부터 벗어나는 자유를 나에게 주옵소서.

그때 당신의 아들에게

내 육신의 아버지가 나를 세상으로 내보내듯

쇠렌 키르케고르
Soren Kierkegaard
(1813~1855)
덴마크의 종교철학자.

이연교 역

당신도 그와 같이 나를 이곳으로 보내셨음을
믿고 기억할 수 있는 용기를 주옵소서.
자비로우신 하나님!
방탕한 아들이 집으로 돌아왔을 때 모든 것이
심지어 형의 심성마저 변했지만 아버지만은 변함이 없어
사랑으로 그를 감싸 주고 잔치를 베풀어 환영하매
그 아버지의 사랑은 낙망한 아들에게 용기를 주었나이다.
바로 이와 같이
내가 당신께 돌아올 때, 주여,
귀의歸依의 길목에 선 나에게 용기를 주시기 바라옵나니
나의 귀향은 지극히 사랑받는 아들의 귀향처럼 기쁨에 찬 것이 아니옵고
그 방탕한 아들의 귀향처럼 고통에 차 있는 까닭이오며,
기꺼운 마음으로 사랑하는 아들을 기다리다가
아들을 다시 보매 기뻐하는 아버지를 예기치 못한 까닭이니이다.
아, 나로 하여금 자비로우신 아버지가
홀로 외로이 나의 파멸을 두려워하는 아버지가
나를 기다리고 계심을 믿는 용기를 허락하여 주옵소서.

1985 BUSAN

기도

그를 향해 흘리는
물 같은 애정

그를 향해 쏟는
향그런 미움

끝내 거부하는 몸짓의
뒤에
화인火印처럼 찍히는
한 가닥 사랑의 찌꺼기

봄날 울타리 아래 돋아나는
새싹, 그 당연함을

뒤따라 더 좇게 하지 마시고
뿌리째 뽑든지
싹둑 자르소서.

김규화
시인.

마지막 남은 웅덩이의 물
오뉴월 땡볕에
한 움큼도 남기지 말고
마르게 하소서.

남은 건 오직
허공 같은, 물빛 같은
빈 시선

눈 부릅뜨고 받는
진득이는 나의
자연스런 모성母性도
오직 뿌리째 뽑아 주소서.

늪같이 되게 하소서.

버린 쓰레기, 터진 깡통
다 받아 탁한 가슴속
저 밑바닥에 갈앉히고
흐린 물로 덮고

버려진 기억같이
하늘만,
한사코 흐린 시선으로
하늘만 보게 하소서.

순종을 위하여

오 주여,
나에게서 슬픔을 거두어 주소서
고통으로 인해
자신에 대한 사랑으로 비롯되는 슬픔
당신의 영광을 내던진 채
세상의 불확실한 희망과 꿈으로 비롯되는
그 슬픔을 거두어 주소서
그 대신
당신의 슬픔으로 나를 채우소서

이후로는
나의 건강, 나의 인생을
나를 위해 쓰게 하지 마시고
오직 당신을 위해
당신과 더불어
당신 속에서 사용하게 하소서

나는 당신께서 건강과 질병, 생生과 사死를
나를 위해 주시기를 기도하는 것이 아니라
당신의 은총에 힘입어

블레즈 파스칼
Blaise Pascal
(1623~1662)
프랑스의 과학자,
철학자.

이재철 역

당신의 영광을 위해
나의 영생을 위해
교회의 이익을 위해
성자의 유익을 위해
당신의 뜻대로 처분되기를 간구하오니
그대로 되어질 것을 믿나이다

나에게 유용한 것을 오직 홀로 아시는 당신
이 세상 모든 것을 주관하시는 당신
비옵건대 당신의 최선을 이루소서
주시든지 빼앗으시든지
나의 의지를 당신의 뜻에 맞추소서!

겸손하고 온전한 순종과 거룩한 믿음 속에서
당신의 영원한 뜻을 받들도록 허락하시며
우리의 주님이신 예수 그리스도를 통하여
당신으로부터 나에게 주이길 모든 섭리를
구별 없이 똑같이 찬미하게 하소서

1984 BUSAN

성서 주일

오, 주님
하늘에 계신 아버지여
당신은
빛과 지혜로 충만하시나이다
우리의 심령을
당신의 성령으로 채워 주시고,
숭배하는 마음과 겸손한 마음으로
당신의 말씀을 받을 수 있는
은총을 구하오니,
그것 없이는
당신의 진리를 깨우칠 자가
아무도 없음이니이다

장 칼뱅
Jean Calvin
(1509~1564)
프랑스의 신학자.

이재철 역

내 얼굴 전체가

내 얼굴 전체가
온통 당신을 향한 눈이 되게 해 주십시오.

얼굴과 얼굴을 대하듯
빛을 받아 내 몸의 안팎을 밝히시며
주야가 없는 당신의 날을
한 빛으로 영원까지 비출 수 있는
그런 당신의 투명한 눈이 되게 해 주십시오.

내 선 자리는
천애天涯의 둘레를 안으며
빛의 본심本心을 여는
향일성向日性 해바라기의 한낮.

속속들이 열매 박히어
여물어 터지는 외줄기 환상의
빛깔로 취해 버린 그날의 얼굴이고자,

최규철
목사.

어느 날, 급한 바람살에
귀가 열리어
내 얼굴 전체가
온통 당신을 향한 귀가 되게 해 주십시오.

나의 잃어버린 날을 모으며
바람 부는 곳을 향하여
뼈마디와 살이 붙은 다음,

나도 함께 바람 되어
어린 잡초와 잠든 숲을 흔들어 깨우는
그런 당신의 소리가 되게 해 주십시오.

기탄잘리

가슴이 굳어 바싹 마른 때엔,
자비의 소나기와 더불어 오십시오.
우아함이 생활에서 잃어진 때엔,
드높은 노랫소리 더불어 오십시오.
시끄러운 일이 사방에서 극성떨며 나를 가둬 버릴 때엔,
말 없는 주여,
님의 평화와 휴식을 가지고 내게로 오십시오.
구석에 갇히어서,
내 거지 같은 마음이 웅크리고 앉아 있을 때엔,
왕이여,
이 문을 부수어 여시고는 왕의 위의威儀를 갖추고
오십시오.
욕망과 마음을 망상과 먼지로 눈멀게 할 땐,
오, 거룩한 이여,
깨어 있는 자여,
님의 빛과 우레를 가지고 오십시오.

라빈드라나드 타고르
Rabindranath Tagore
(1861~1941)
인도의 시인.

박희진 역

1967 BUSAN

1982 BUSAN

결단의 기도

당신은 나의 어머니이시자 아버지이시며,
당신은 나의 친척이시자 친구이시나이다.
당신은 또한 교육이시며 나의 재산이시나이다.
오, 신 중의 신이시여
당신은 나의 모든 것이시오매
나는 진리와 함께 머물겠나이다.
나는 어떠한 부정에도 굴하지 않겠나이다.
나는 두려워하지 않겠나이다.
어떠한 폭력에도 호소하지 않겠니이다.
모든 사람을 오직 호의로써 대하게 하옵소서.

마하트마 간디
Mahatma Gandhi
(1869~1948)
인도의 민족운동 지도자.

장석 역

한 늙은 농부의 기도

오늘도 저물었습니다
밭에는 씨를 뿌렸고
논에 물꼬도 막았습니다
올 농사도 당신이 거두어 주소서

저는 믿습니다
해마다 당신은 거두어 주셨지요
당신이 원하시는 그때에,
아내와 자식
며느리와 손자들
논밭의 곡식들

땅을 파는 이 손은 기어가고 있지요
마른 논바닥 같은 이 손,
당신이 꼭 쥐어 주는 이 손

김형영
시인.

사람들은 두런거립니다
땀에 찌든 이 몸뚱이 보고
개 냄새가 난다고
허리 굽은 이 몸뚱이 보고
무덤 냄새가 난다고

그래요, 그래요
그래도 저는 일을 하지요
밤낮없이 일을 하지요
당신이 여기 계시기에
당신이 그걸 원하시기에

주여
이제 이 몸도 거두어 주소서

1963 BUSAN

목동의 노래
—《천로역정》 중에서

아래에 있는 자는 쓰러질 염려가 없으며
낮은 자는 교만을 두려워할 필요가 없나니
겸손한 자는 영원토록
아버지의 인도하심을 얻으리이다.

적게 가졌든 혹 많이 가졌든
나는 내가 가진 것에 만족하오며
또 주여, 계속하여 만족하기를 갈구하오니
이는 주께서 그와 같이 구하셨음이니이다.

순례의 길을 나아감은
그토록 고난으로 가득 찼사오니
비록 지금은 보잘것없사오나 이후엔
천국의 복락으로 세세토록 채워 주소서.

존 버니언
John Bunyan
(1628~1688)
영국의 작가, 목사.

이재철 역

엘리 엘리 라마 사박다니˙

지금껏 내 생生을
깊은 밤 강물처럼 출렁이던
절망과 욕망이
나를 얼마나 슬프게 하고
이웃을 얼마나 아프게 하여 왔는지
주여 저는 몰랐습니다.
내 목 쉰 기도마다 응답하여 주신 주여
이제 무릎 꿇어
당신 오실 이 험한 길목에
기름 준비한 등불 밝히고
당신 주신 만큼의 시간을
내 영혼 등피燈皮 닦고 닦으며
당신을 기다리겠습니다.

박원환
시인.

지금껏 내가 사랑했던 사람들에게
조금씩 조금씩 보이지 않는 손수건 흔들며
참회와 감사로 식탁 차려
그들을 대접하고
기도와 믿음 씨 뿌리고 가꾸어
거칠어진 내 손으로
자랑스럽게 살아가게 하소서.

* 마태복음 27장 46절에 나오는, 십자가에 못 박힌 예수의 부르짖음.
'나의 하나님 어찌하여 나를 버리셨나이까' 라는 뜻이다.

임종하는 아내를 위하여

하나님! 나의 아내를 죽게 하지 마소서
내가 당신의 그 맑은 나라에 들어가기에 합당하도록
나의 심령이 해맑게 성장되어지는 그 시간까지
차라리 아내를 기다리게 하소서
그때 나를 데려가소서, 내가 기쁘게 나아가리니
나의 아내는 이 땅에 머물지이다

오, 아내를 살려 주소서! 그녀는 내가 죽어서도
그녀처럼 되기를 배워야 할 존재로 태어났으니
당신이 천국에서 당신과 머물도록 그녀를 필요로 하시는 이상으로
우리는 우리의 가난한 땅 위에서 그녀를 필요로 하나이다
아내는 이미 나래를 펴고 있나이다, 나는
내가 날기 전 이 땅의 허물을 부수어야만 하나이다

제임스 러셀 로웰
James Russell Lowell
(1812~1891)
미국의 학자, 시인.

이재철 역

그런 다음에 하나님, 나를 데려가소서! 우리는 가까이
그 언제보다 더욱 서로서로 가까이 있으리니
내 아내의 천사는 이 땅에서의 내 말보다
천국에서의 나의 말이 더욱 맑음을 발견하리이다
그리고 내가 더욱 당신께로 가까이 나아가매
아내의 영혼과 나의 영혼은 여전히 더 가까이 있으리이다

1965 BUSAN

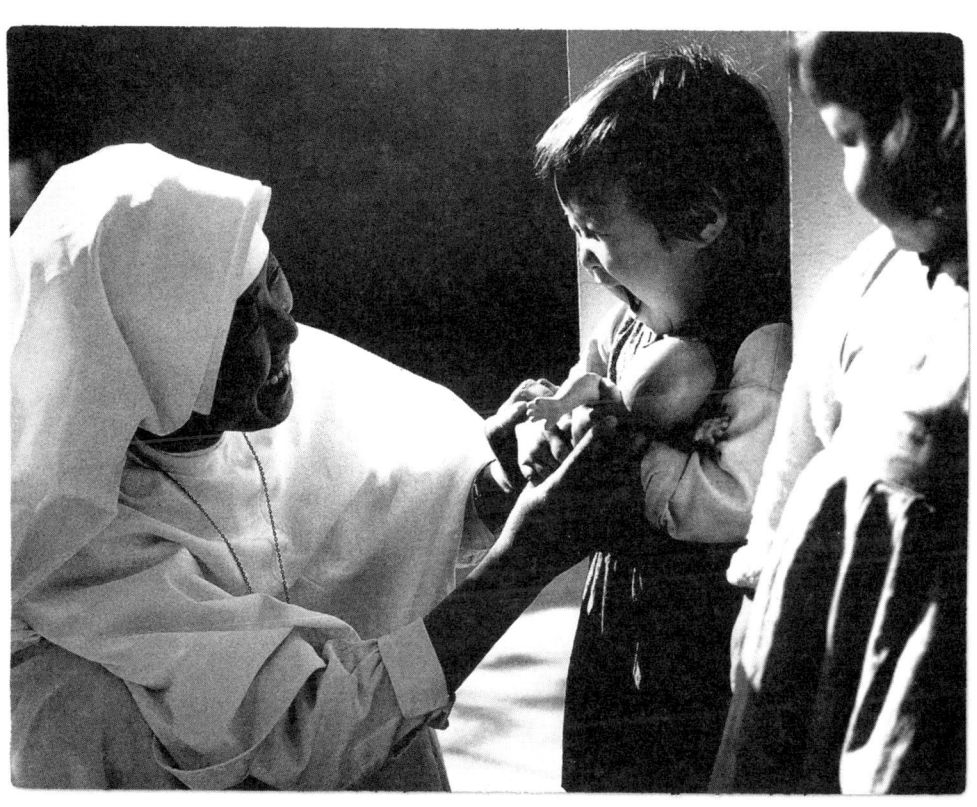

아버지의 기도

이러한 아들을 나에게 주시옵소서
오, 주여!
연약할 때 자기를 알 수 있는 강인함과
두려울 때 자신을 잃지 않는 담대함으로
정직한 패배에 굴함 없이 당당하며
승리에 겸손하고 온유한
그런 아들을 나에게 주시옵소서

모든 것을 있는 그대로 보는 아들
주님을 알고 자신을 아는 것이
지식의 초석임을 깨닫는 아들
그런 아들을 나에게 주시옵소서

비옵건대 그를
평탄과 안락의 길로 인도하지 마옵시고
고난과 도전의 시련과 자극 속에 거하게 하옵소서
그리하여
폭풍 속에서도 의연토록 연마하여 주시고
패한 자를 사랑토록 일깨워 주시옵소서

더글러스 맥아더
Douglas MacArthur
(1880~1964)
미국의 군인.

이재철 역

그 마음이 청결하고 그 목표가 높은 아들
남을 다스리기 전에 자신을 다스릴 줄 아는 아들
웃기를 배우되 결코 울기를 거부치 않는 아들
미래을 향해 전진하되 결단코 과거를 잊지 않는 아들
그런 아들을 나에게 주시옵소서

이 모든 것이 다 그의 것이 되게 하신 다음
기도하옵건대 이에 더하여
재치를 주시사 언제나 신중하게 하시되
자기 스스로를 지나치게 중대히 여기지는 않게 하소서
또한 겸손한 마음을 내려 주시사
참으로 위대한 것은 소박하며
참된 지혜는 개방된 마음이며
참된 힘은 온유하다는 진리를 깨닫게 하시옵소서
그리하여 아비인 내가
"나는 헛되이 살지 않았노라"고
감히 속삭일 수 있게 하여 주시옵소서

1972 BUSAN

흑인의 기도

하늘에 계신 아버지
당신은 땅 위의 모든 인간을 창조하셨습니다.
우리는 당신의 자녀들입니다.
그러나 다만 피부 색깔이 다르다고 해서
여러 인종들 사이에서는 싸움이 만연하고 있습니다.
우리나라에서도 역시 싸움이 들끓고 있습니다.
주님,
피부 색깔이 진실로 중요합니까?
당신은 우리를 여러 피부 색깔로
—검은색, 갈색, 흰색, 황색—창조하셨으며
우리 모두를 평등하게 당신의 자녀로 사랑하십니다.
당신은 이 열대지방에서 당신의 강한 태양을 견디어 낼 수 있도록
우리에게 검은 피부를 주셨습니다.
우리는 다른 인간보다 더 나은 것이 없으며 그들도
우리보다 더 나은 것이 없습니다.

작자 미상
파푸아뉴기니의 기도.

장석 역

우리 중 몇몇은 백인이 되고 싶어 하지만 그것은 어리석은 일입니다.
당신은 우리를 창조하셨고 우리대로의 우리를 사랑하십니다.
당신이 우리를 그렇게 창조하신 것에 대해 기뻐합니다.
다른 나라에서 온 사람들이 우리나라와 민족을 위해
일했던 것에 감사드립니다.
또한 선교사, 관헌, 교사, 간호사와 다른 좋은 사람들이
한 일에 감사드립니다.
우리의 마음에서 증오와 오해를 멀리하여 주옵소서.
우리가 부지런히 일할 수 있는 방법을 보여 주시옵소서.
우리 모두는 형제로서 함께 일하며 서로 신뢰하고 싶습니다.
왜냐하면 우리 모두는 당신의 자녀이며,
당신은 우리 모두를 위해 돌아가셨기 때문입니다.

1987 WAEGAN

당신의 것을 당신에게

주님,
벌써 밤이 시작되었습니다.
모든 것이 어두워지고 평온해졌습니다.
그러나 나는 오늘 해야 할 일을 다 마치지 못하였습니다.
일부분은 잊어버렸거나 아니면 게을렀던 것이 그 까닭입니다.
그래서 나는 언제나 시간에 쫓겨 허덕입니다.
주님,
나는 점차로 깨닫습니다.
아직은 나의 시간이 아니라는 것을.
당신이 천체의 운행을 확정했을 때에 당신은 시간을 창조하셨습니다.
태양은 하루의 시작을 결정하며
황혼은 일을 끝내는 시간을 알려 줍니다.
그 밖에도 계절이 있습니다.
새로 피어나는 봄과 황금빛 가을이 있습니다.

작자 미상
타이완의 기도.

장석 역

주님,

나의 시간을 당신의 시간으로 만드는 법을 가르쳐 주십시오.

제가 행해야 하는 일을 하는 것,

예를 들어

아내와 아들 곁에 있는 것,

타인을 위로하는 것,

내 주위에 있는 곤경과 그 밖의 것들에

주의를 기울이는 것을 가르쳐 주시옵소서.

주님,

나는 이런 것들 안에서 평안을 발견합니다.

그리하여 이 모든 바쁜 가운데서도 당신과 대화할 시간을 찾았습니다.

하나님 본래 당신의 것이었던 나의 시간을 당신께 바치나이다.

겸손을 주소서

주님,
우리는 남들이 조그마한 실수를 할 땐 언제나
그들을 탓합니다.
그러나 우리 자신의 커다란 실수에 대해서는 늘 핑계를 찾습니다.
사람들이 우리의 마음을 조금이라도 상하게 하면
우리는 이내 화를 냅니다.
그러나 우리가 다른 사람들의 마음을 상하게 했을 경우엔
그들이 우리를 용서해 주길 기다립니다.
주님, 간절히 기도드리오니,
스스로에게는 비판적이 되며, 우리가 더 먼저 용서할 준비가 되어 있어,
주님께서 우리에게 주셨던 모범에 따르도록 겸손함을 주시옵소서.

작자 미상
탄자니아의 기도.

장석 역

1969 BUSAN

환자를 위한 기도

주님,
당신으로부터 모든 생명이 나오나이다.
병원에 누워 있는 뭇사람들과
병원에 갈 수도 없는 많은 병자들을 위하여 기도하나이다.
그들에게 자신의 병을 삶의 한 부분으로 받아들일 수 있는
힘을 주시옵소서.
그들에게 당신이 주신 평화의 선물을 잃지 않고
사랑과 인내로써 고난을 당할 힘을 주시옵소서.
당신은 위대한 명성을 가지신 분이시며 무한한 확신을 갖고 계시나이다.
우리는 당신의 이름을 하늘이나 땅보다도 더 믿고 있나이다.
우리가 가진 모든 것은 다 당신의 것이나이다.
보시옵소서, 우리의 행위가 없어도 모든 것이 우리에게로 오고 있나이다.

작자 미상
동아프리카의 기도.

장석 역

아버지,

우리에게 당신의 마음에 드는 대로 살 수 있는 길을 보여 주시옵소서.

우리의 물음에 대한 당신의 대답을 들려주시옵소서.

누구에게나 자신들의 열심과 곤경에 따라 주시옵소서.

나는 당신께서 우리 모두의 형편을 알고 계심을

믿기 때문이나이다.

모든 선善의 샘이시며 모든 축복을 내려 주시는 분이시여,

우리가 선을 행하고 서로서로 사랑할 수 있는

힘을 갖도록 하시옵고

감사한 마음으로 먹고 마시게 하여 주시옵소서.

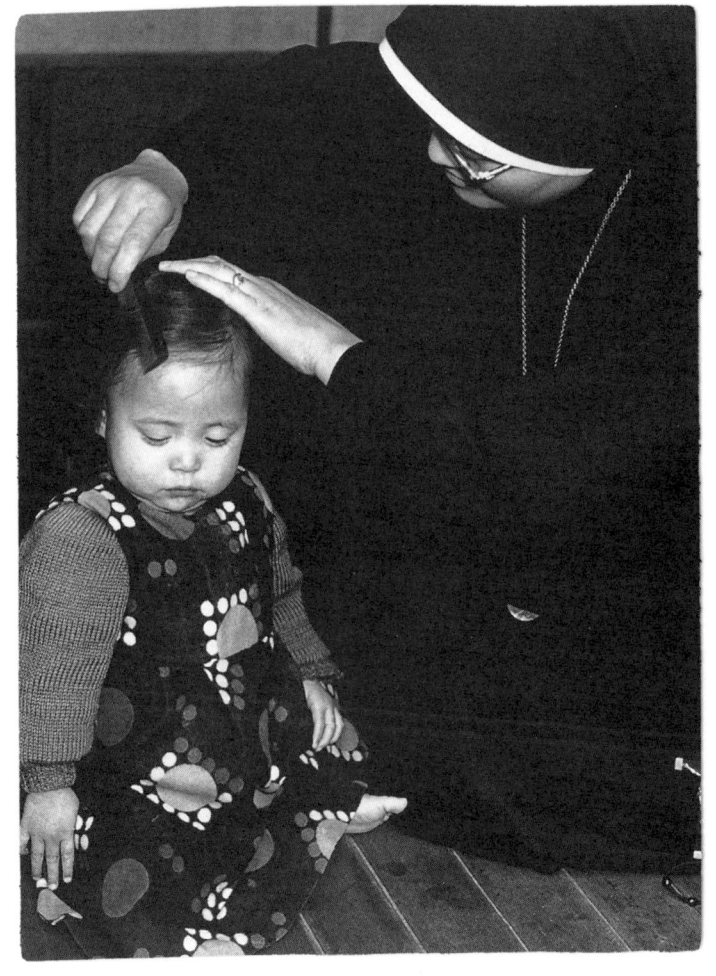

1967 BUSAN

어느 소녀의 기도

사랑하는 예수님,
예수님은 저와 모든 사랑하는 형제들을 용서해 주십니다.
제가 항상 올바른 일을 행하도록 가르쳐 주십시오.
즐거운 형제여,
저의 힘든 일을 당신 자신처럼 즐겁게 해 주옵소서.
당신의 뜻대로 행하도록 제게 능력을 주옵소서.
저의 삶에서 어둡고 우울한 것을 금빛으로 빛나게 해 주옵소서.
제가 너무나 많이 구원을 청한다 하더라도
피곤해 마옵시고 화내지 마옵소서.
특별히 저와 같은 소녀에게 당신의 유익한 손을 내밀어 주소서.
당신의 아버지와 제 아버지의 마음에 들지 않는 일을
한 번도 하지 않게 해 주소서.
항상 저를 보아 주시고
제가 나쁜 길로 빠지지 않도록
늘 지켜봐 주시옵소서.

작자 미상
필리핀의 기도.

장석 역

자기 전에

마태, 마가, 누가 그리고 요한
내가 누워 있는 침대를 축복해 주세요.
내가 잠자려고 눕기 전에
나는 내 영혼을 그리스도께 맡깁니다.
내 침대 모서리에
네 천사 지키고.
둘을 발치에, 둘은 머리맡에,
그리고 내가 죽으면 네 천사가 옮길 거예요.
나는 바닷가를 가고, 땅을 지나가요.
주는 그의 오른손으로 나를 만드셨어요.
내게 위험이 닥치면
사랑하는 예수 그리스도 나를 구해 주세요.
그분은 가지 나는 꽃,
내게 행복한 시간 보내 달라고 기도해요,
그리고 잠 깨기 전에 내가 죽으면
그리스도께서 내 영혼 가져가시라고 기도해요.

작자 미상

정현종 역

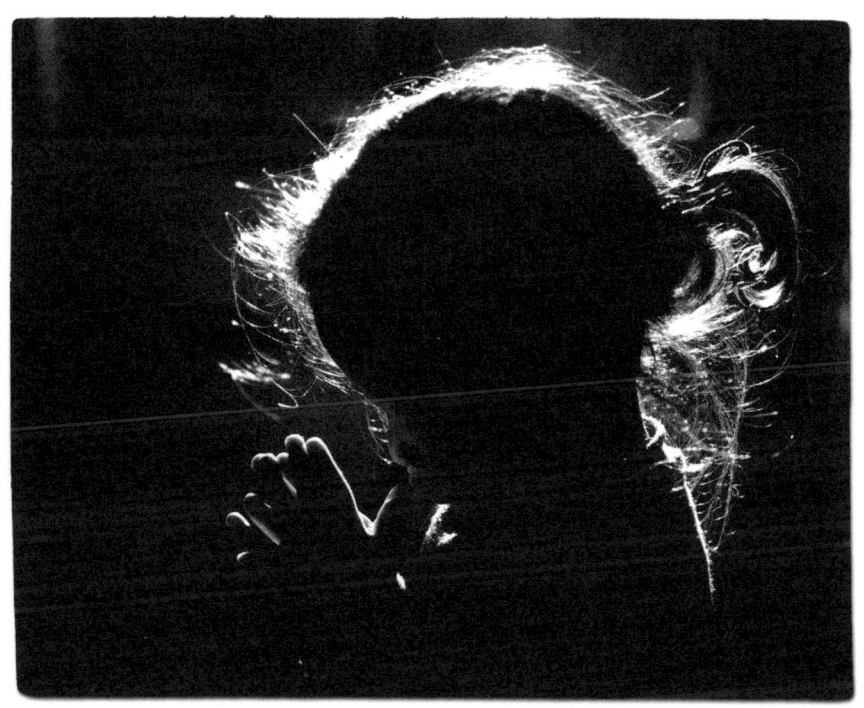

1964 BUSAN

어머님께 바치는 기도
―《재를 남길 수 없습니다》중에서

어머님!
기가 하늘 끝까지 높아져 감히 어머님을 버리고 떠났던 자식이
이제 초로의 반백이 되어 돌아왔습니다.
제가 가진 것이 아무것도 없고,
제가 남긴 것이 아무것도 없지마는,
제가 이제 감히 어머님 앞에 떳떳이 나설 수 있음은
어머님께서 제게 주셨던 나사렛 예수의 이름이야말로
이 세상 그 어느 보배보다도 더 값지고 또
소중한 것임을 깨달았기 때문입니다.
제가 이제껏 살아 있을 수 있음이 어머님의 기도 덕분이요,
또 주님께서 저를 살리셨음이
주님의 영광을 위함이었음을 제가 아오니,
어머님께서 절 위하여 마지막 한 줌의 재까지 다 바치신 것처럼
저도 이제 주님을 위하여 한 치의 재도 남김없이 온전히 태우렵니다.
몸도, 마음도, 이름도, 명예도,
그리고 남은 것이 있으면 그것까지 그 모든 것을…….

김훈

작가.

1978 BUSAN

매일의 기도

나는 오래전부터 매일 아침 홀로 기도하는 습관을 길러 왔습니다.
이러한 나의 매일의 기도는 다음과 같습니다:

하늘에 계신 우리 아버지 이름을 거룩하게 하옵시며:
이 기도 다음에 나는 요한일서에서 다음의 기도를 덧붙입니다;
당신의 이름은 사랑이시며, 하나님은 사랑이십니다.
사랑 속에 거하는 자는 하나님 속에 거하는 자이며,
또 하나님은 그의 속에 거하십니다.
그 누구도 이 세상에서 하나님을 본 사람은 없지만,
우리가 다른 사람을 사랑하면 그분은 우리 속에 거하시고
그분의 사랑이 우리 속에 충만합니다.
누구든지 "나는 하나님을 사랑한다"고 말하면서
그의 형제를 미워한다면 그는 거짓말쟁이입니다.
눈에 보이는 형제를 사랑하지 않고 도대체,
어떻게 보지 못한 하나님을 사랑할 수 있단 말입니까?
형제들이여, 다른 사람들을 사랑합시다;
사랑은 하나님으로부터 오며 사랑하는 사람도 하나님으로부터 나오므로
사랑하는 자는 곧 하나님을 아는 자들입니다.
왜냐하면 하나님이 곧 사랑이기 때문입니다.

레프
톨스토이
Lev Tolstoi
(1828~1910)
러시아의 작가.

이재철 역

나라가 임하옵시며:
여기에 또 덧붙입니다;
하나님의 나라와 그 의義를 구하십시오.
그리하면 모든 평강이 당신에게 더하여질 것이며
하나님의 왕국이 당신 속에 임하게 될 것입니다.

뜻이 하늘에서 이룬 것같이 땅에서도 이루어지이다:
나는 여기에서 나 자신에게 물어봅니다.
내가 하나님 속에 거하며 하나님이 내 속에 거하심을
진실로 나는 믿고 있는가?
나의 삶이란 나 자신 속의 점증하는 사랑에 기인함을 나는 믿고 있는가?
내가 지금은 살아 있지만 곧 죽을 수도 있음을 나는 명심하고 있는가?
개인적인 탐욕이나 인간의 영광을 위해서가 아니라,
오직 하나님의 뜻을 실현하기 위해 내가 살기를 바란다는 것은 진정인가?
또한 나는 세 복음서로부터 다음 말을 덧붙입니다:
내 뜻대로 마옵시고 당신의 뜻대로 하소서;
내가 원하는 것이 아니라 당신이 원하시는 것을 이루소서.
내가 원하는 대로가 아니라 당신이 원하시는 대로 하소서.

일용할 양식을 주옵시고:

나는 덧붙입니다;

나의 양식은 나를 보내신 그분의 뜻을 행하고 완성시키는 데에 있습니다.

너 자신을 부인하라, 매일 너의 십자가를 지고 나를 따르라.

나의 멍에를 지고 나를 배우라,

나는 마음이 온유하고 겸손하니 너희가 너희 영혼의 평안을 얻으리라.

나의 멍에는 쉽고 나의 짐은 가볍기 때문이니라.

우리가 우리에게 죄 지은 자를 사하여 준 것같이 우리 죄를 사하여 주옵시고:

나는 덧붙입니다;

그대가 그대에게 죄 지은 형제를 용서하지 않으면,

그대의 아버지는 그대를, 그대의 죄를 용서치 않을 것입니다.

우리를 시험에 들게 하지 마옵시고:

나는 덧붙입니다;

육체와 야망과 악의惡意와 과식과 불의不義와 인간의 영광에 대한

시험을 경계하십시오.

그대의 자비심을 사람 앞에 과시하지 마십시오.

그래서 당신의 왼손이 하는 것을 당신의 오른손이 모르게 하십시오.

쟁기를 들고 뒤를 돌아보는 자는 하나님의 나라에 들어갈 수가 없습니다.
그대가 혹사와 굴욕을 당할 때를 오히려 기뻐하십시오.

다만 악에서 구하옵소서:
나는 덧붙입니다;
마음으로부터 나오는 것들, 예를 들어 사악한 생각,
살인(인간에 대한 모든 악의), 도둑질(일하지 않고 얻은 재물),
간음(생각 속에서일지라도), 거짓 증언, 비방과 같은 것들을 경계하십시오.

나는 요한일서의 말씀들로 기도를 끝맺으려 합니다;
"우리가 우리의 형제를 사랑하면 우리는 죽음으로부터 사는 것을 알고
있습니다. 형제를 사랑하지 않는 자는 그 속에 영생이 없습니다."

나의 행동과 내 영혼의 상태에 이 기도의 말들을 적응시켜 가면서
나는 매일 이렇게 기도합니다.